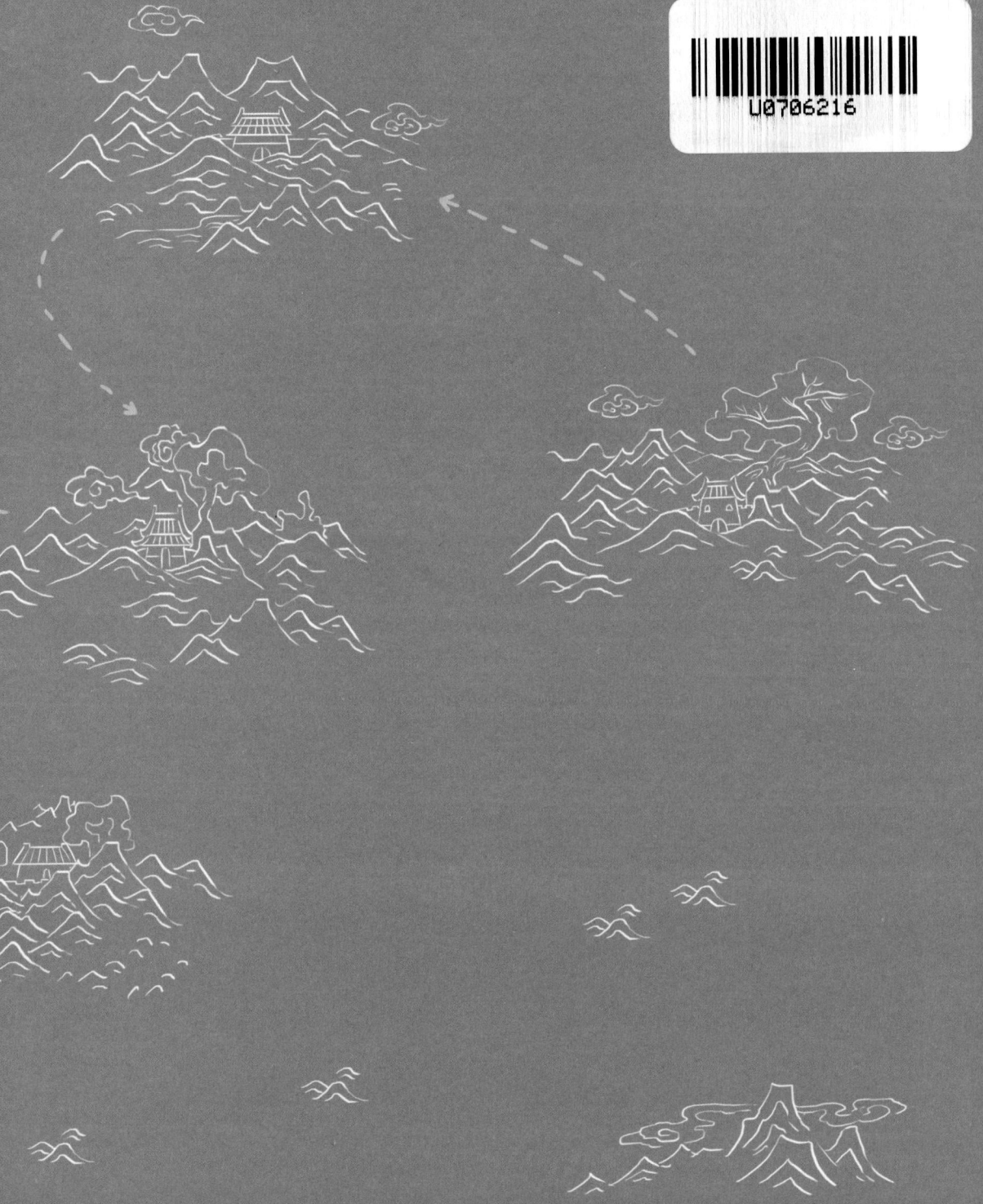

本书由中国社会科学院大学文学院副院长
博士生导师李俊教授审订,
特此致谢。

Hi, Confucius!

孔子来了！

论语可以这样读

大梁如姬 / 著   徐艺明 / 绘

海豚出版社
DOLPHIN BOOKS
中国国际传播集团

还原历史场景　品读《论语》故事

本书审订人　李俊

（教授，博士生导师，中国社会科学院大学文学院副院长）

　　提到孔子，在中国，恐怕所有入学读书的人无人不知。我们最熟悉的当是，孔子一生教过三千名弟子，还有那部记录他和他弟子言行的语录——《论语》。在过去的两千多年里，对中国和中国人影响最深远的，莫过于孔子的思想。用本书中的话来说就是，孔子所创建的儒家思想，"已经成为每个中国人的DNA"，深深透入我们一言一行的肌理之中。

　　历史上的无数文人和思想家，都对孔子的《论语》有过深入的研究和阐释。但是，面对一句又一句的"子曰"，我们也许会产生疑问：《论语》对于今天的我们还有价值吗？如果有，今天的我们又应该怎样学习《论语》呢？

　　第一个问题的答案当然是：有。既然儒家思想已经成为我们每个人的DNA，无时无刻不在影响和指导着我们的言行，那么其价值就可想而知了。品读《论语》中的格言，从中获取有益的营养，对我们的学习成长、为人处世、价值取向，都会大有裨益。不过，两千多年过去，我们难免会误读《论语》，其中的不少词句也会让现代读者犯难，同时其中也确有一些在当时比较合理的观点已不适用于今天。所以，针对第二个问题，我们如何读《论语》，尤其是对处在疯狂学习、吸收阶段的中小学生来说，如何吸取《论语》有价值的部分，摒弃不适宜的部分，就变得尤为重要。

　　我小时候就对《论语》产生过浓浓的兴趣，借来了一本附有白话译文的《论语》

翻看，但是读着读着就放下了，全是"子曰子曰"，一句一句枯燥的语录，真是太没有意思了。当时就想，这个老头怎么有那么多道理要讲呀。

时下有很多关于孔子和《论语》的书，但依然存在着几十年前我碰到的问题——难以调动一般读者的阅读积极性，更别说激发中小学生的兴趣了。一句句的"子曰"翻译成了白话，每句话倒是都能看懂，但还是如读天书，理解不了是什么意思，看不出什么兴味。

当读到手头这本书稿，我禁不住一下子喜出望外：众里寻他千百度，就是这个了！

在这本书中，孔子的形象一下鲜活了起来，乐观、风趣，经常和弟子开玩笑，就连批评弟子也非常的幽默，而不再是那个一板一眼的严肃老头儿。他说的那些话，都带着生活的口气和平常人的情态，却又不庸俗，反而显得真诚、睿智，活脱脱一个有趣的人的形象。

在我看来，这本书至少有以下几个鲜明的特点。

在历史的场景中还原《论语》，让孔子的那些金句从枯燥的教化变得生动具体，容易理解。这本选择了一种轻松的方式，从孔子最优秀的学生之———子夏的视角出发，以孔子的生平故事为线索，将《论语》中重要的语句融在故事当中。书中营造的场景感和小读者的生活经验是比较一致的，对小读者的带入感大大增强了。这既能使读者通过故事了解孔子的生平和他一生都在践行的思想，也能使读者了解

到，《论语》中那些重要的话是在什么时间、什么场合说的，帮助读者更好地理解语句真正的含义。

　　主体故事之外，本书还设置了《子夏课堂札记》和《小小百科》两个板块，为读者提供更多《论语》金句的场景化解读，也介绍了有关先秦时期的历史、文化等百科知识。书中的"子夏"既是故事的讲述者，告诉读者他们班里发生的趣事，又是一个小学霸，把跟随老师学习收获的知识和思想分享给读者。前者还原孔子教学的场景，将《论语》中重要的金句融入一个个幽默、风趣的小故事，方便小读者理解，后者则提供了一个礼品包，让小读者自己去打开，从中进一步了解先秦时代的历史细节，丰富自己的知识储备。

　　综合了历代以来对《论语》的权威解读，不戏说，不乱说。《论语》是有妙趣的哲人哲语，但也是严肃的古籍经典。从两汉开始到现在，有很多学问家对《论语》

孔子　　子路　　冉有　　宰予

　　　　比孔子小9岁　比孔子小29岁　比孔子小29岁

进行了各种各样的解读,每一位学问家的解读都有自己的道理。这本书中对《论语》原文的翻译,参考了很多名家如朱熹、辜鸿铭、钱穆、杨伯峻等人的著作,并结合时代的背景,力求既忠实于原文原意,又让今天的读者更容易理解。

全书文风幽默,插图风趣,图文并茂,韵致活泼,为读者提供轻松的阅读体验,从而让读者更易于了解孔子和《论语》。

在审读这本书的过程中,我时而被孔老夫子教学过程中的幽默风趣逗得捧腹大笑,时而被他遭受逆境而不改其乐观自信的人生态度而感染,时而又被他那种坚持、坚守的精神一次次地感动。孔子从教书育人到周游诸侯推行自己的主张,为了实现理想"知其不可而为之"的精神,不也正是今天我们每个人都需要学习的吗?

大家好!我是子夏,下面就由我来给大家讲故事啦!!!

颜回	子贡	公西华	子夏	子游
比孔子小30岁	比孔子小31岁	比孔子小42岁	比孔子小44岁	比孔子小45岁

- 来之不易的孩子 / 08
- 穷小孩打工记 / 14
- 爱问问题的青年 / 20
- 招生、招生，开学了！ / 26
- 老师也要不断学习 / 34
- 到大国遛一遛 / 40
- 小个子与大个子 / 46
- 一次长知识的神游 / 52
- 该不该做官？ / 58
- 终于做大官了 / 64
- 强拆计划的失败 / 70
- 为什么流浪？ / 76
- 你在他乡还好吗？ / 82
- 小场面，别慌 / 88
- 历史经典场面：子见南子 / 94
- 别了又别的卫国 / 100
- 宋国遇险记 / 106
- 好像一只"丧家狗" / 112

- 在楚国的边缘徘徊 / 120
- 绝粮于陈蔡，队伍不好带 / 126
- 孔子的人生观、金钱观 / 132
- 回家了！ / 138
- 你让我指点，我就会指指点点 / 144
- 专心搞教育 / 150
- 老师也会看错人 / 156
- 颜回死了 / 162
- 重病在身的孔子 / 168
- 子路死了 / 174
- 孔子还是一个好编辑 / 180
- 看！真的有麒麟 / 186

- 散作满天星：孔子之后的儒家 / 192
- 孔子年表 / 196

来之不易的孩子

大家好,我是子夏。大家可能不认识我,没关系,但是说起我的老师,那可是大名鼎鼎、如雷贯耳,他是谁呢?就是孔子。

你们肯定听过我老师的大名。除了老师,我还有很多著名的师兄弟,就是俗称的孔门弟子三千。我们的上课方式不拘束在一个特定的教室,有时候在老师家里,有时候老师也带着我们郊游,后来更有周游列国的游学,通过实践讲道理。在这期间,有不少爱做课堂笔记的同学就把我们师生之间的对话给记录了下来,形成了一部为人处世的大教材——《论语》。

"学而时习之,不亦说乎""三人行,必有我师焉""己所不欲,勿施于人""工欲善其事,必先利其器""人无远虑,必有近忧"……

这些经典名言，都出自我们的日常对话。你一定很想知道，我们为什么会说这些话？什么背景下才产生了这些2000多年都不过时的金句？

这就是编辑老师找到我的原因，让我来还原历史，讲讲我老师孔子的一生，讲讲孔子到底是一个怎么样的人，《论语》到底是一本什么样的书。我向你保证，接下来的故事绝对不会枯燥。

我老师出生在春秋末期，你如果读过历史故事，对春秋这个时期肯定不陌生。它是一个诸侯唱主角，天子只能跑龙套的混乱时期。

我老师的爸爸是春秋时期鲁国人，孔氏，名纥（hé），字叔梁，人们习惯称他为叔梁纥。

叔梁纥是鲁国有名的大力士。历史记载说，有一次，鲁国和几个诸侯国一起去打一个叫偪（fú）阳的小国。偪阳人设计将几国联军骗进城，然后准备放下闸门，想来一个瓮中捉鳖。联军发现中了计，心正慌着呢，千钧一发之际，一个高大威猛的人站了出来——他就是叔梁纥。他力拔千钧，用身体顶着闸门，联军赶紧从没被放下的门缝里集体退了出来。鲁国是个论功行赏的国家，因为这次大功，鲁国国君划了块地方供养叔梁纥，从此，他就是陬（zōu）邑大夫。

封官后，叔梁纥娶了妻子施氏，接连生了九个女儿，就是没有一个儿子。叔梁纥只好又娶了一个小妾，生下了长子孟皮。不幸的是，孟皮是一个残疾人，有点儿跛脚。叔梁纥不服气，自己勇猛一世，难道就没有合适的接班人？

后来，叔梁纥在陬邑的颜家村认识了一个叫颜徵（zhēng）在

的女子。颜徵在很愿意为孔家传宗接代，于是生下了我的老师。据说我的老师生下来脑门儿就长得有点儿怪，中间凹下去，四边凸起来，好像山丘环绕，所以父母给他取名叫作丘；又因为父母在生他之前经常去尼山祈祷，希望可以生下来一个健康的男孩，所以又给他取字叫仲尼。

我老师出生的这一年是公元前551年。他3岁的时候，父亲就去世了，师奶为了老师将来有出息，就带着他搬家到了鲁国的首都曲阜。

果然，我老师从小就是那种"别人家的孩子"，别的小孩都喜欢聚在一起嬉笑打闹，而他则迷上了跟礼制相关的东西，在地上摆一些小盆小碗，学着大人的样子搞祭祀。

因为从小就失去父亲的缘故，我老师不得不早早就扛起家庭的重担，每天干各种各样的活。他15岁的时候，也就是现在小朋友上初中的年纪，就立下了自己的人生志向——要好好学习各种学问和本领。从此，我的老师便开始努力学习了。

> 子曰："吾十有五而志于学。"
> ——《论语·为政篇》
>
> **释** 孔子说："我十五岁的时候就立志学习各种学问和本领了。"

 子夏课堂札记

大家好，你们现在看到的是我的课堂札记，记录的是我老师和我们师兄弟的一些日常。我很小的时候就立志做一名老师，就像我的老师孔子一样。所以跟着老师学习以后，我便一门心思扑在学习上，一些课堂内外的趣事也记得特别细，所以现在你们才看得到这个课堂札记呀！

子贡方人，子曰："赐也贤乎哉？夫我则不暇。"

——《论语·宪问篇》

释 子贡喜欢评论别人。孔子对他说："你已经足够好了吗？我可没有这闲工夫。"

我们的老师在教我们师兄弟的漫长岁月中，大部分时候是非常和蔼的，很少严厉地批评过谁，看到有同学犯错了，他总是以幽默的方式提醒再提醒。但是有一次，子贡师兄却被老师当作反面典型批评了一次。

子贡师兄有一个缺点，就是特别喜欢对别人指指点点，遇到什么都要评价一句。有一次，子贡师兄跟同学们说："子张师弟虽然最近成绩不错，不过，跟颜回师弟比起来至少还差三四条街吧。"没过

一会儿，他又说："给你们说一条有味道的新闻啊。你们听说了没，那个越王勾践，为了讨好吴王，竟然吃了他的粪便，好恶心啊……"

老师知道后，把子贡师兄叫到跟前，严厉地说道："子贡同学啊，你现在特别贤德了啊？有那么多时间关注各国奇葩的事。要是我，我可没那个闲工夫。"子贡师兄听完后，涨了一个大红脸，一句话也说不出来。

从这件事之后，再也没有见到子贡师兄随便评论别人，也不跟同学们聊八卦了。

小小百科　　古代的人是怎么起名字的？

在古代，名和字是分开的，只有父母和家里的长辈才能叫你的名，一般同辈、朋友之间都叫字。在古代你要是直接叫朋友的名，可是非常不礼貌的行为。不过在这本书里，为了方便大家阅读，我们就不严格按古时候的规矩来了。

那古人是怎么起名的呢？现在每一个孩子出生后甚至还没出生，父母和长辈就会挖空心思给孩子起一个好听的名字。但是在汉朝以前完全不是这样，父母给孩子起名非常不讲究，有些就是看孩子有哪些身体特征，比如孔子因为出生时脑门儿长得特殊，就起名叫丘。还有晋国的国君晋成公，因为生下来屁股上有一块胎记，父母便给他起名叫作黑臀。要知道，国君的名字可是要被记录到史书上流传后世的。有的父母还根据自己的心情起名，比如，郑庄公的大儿子叫忽，因为，郑庄公还没准备好做父亲，孩子来得太快了；等第二个儿子的时候，他在一门心思忙事业，也没有啥准备，这个孩子就叫突，意思是太突然了。这下你知道，汉朝以前起名有多不讲究了吧。

穷小孩打工记

大家好，我是子夏，我又来带大伙儿游览我老师的人生了。

我们那时候，一个贵族男孩人生最重要的两件事，一是20岁加冠礼，一是进朝廷做官。加冠礼，顾名思义，就是梳好头发，戴上帽子。但冠礼的意义却没那么简单，对男子来说，加冠就意味着成年，可以担当很多事了，也不会再有人仗着年龄优势，对你说"大人说话，小孩别插嘴"了。做官嘛，就不需要解释了，不过这个志向暂时离我老师还远着呢。

前面说过，我老师的父亲在他3岁时就去世了，全家就靠母亲颜徵在操持。屋漏偏逢连夜雨，在他17岁的时候，母亲颜徵在也撒手人寰，整个世界就剩下我老师孤零零的一个人，家庭的经济来源也断了。正所谓穷人的孩子早当家,为了生计,我老师除了好好学习,天天向上以外,也当起了打工人,各种全职的、兼职的、合同工、临时工,他都来者不拒。

随着年龄渐长,有一个重大的人生历程需要我老师去完成——结婚。可是,我老师一心扑在工作和学习上,基本是个宅男,也没什么人脉,都不知道上哪儿去认识未来的妻子。好在,孔家还有一个我老师同父异母的哥哥孟皮。孟皮见老师这么穷苦,便主动担负起为他找老婆的任务。在我老师19岁的时候,孟皮找到了宋国亓(qí)官氏的一个姑娘,与我老师完成了跨国婚姻。

为什么鲁国人要去宋国找老婆呢?因为,我老师的太太太太……爷爷是宋国人,再往上追溯,他们都是商朝人。商朝人为了

保证血统纯正，流行的是族内通婚，所以我老师娶的也是宋国女子。

完婚的第二年，我老师唯一的儿子孔鲤出生了。都说孩子是"吞金兽"，虽然当时培养一个孩子不像现在这么耗资巨大，但在经济本来就不宽裕的家庭里，每多一张吃饭的嘴，父母的家庭负担就要重很多。

为此，我老师又要加倍地打工去了。他应聘去了鲁国贵族季孙氏家里，做了一个管仓库的小吏。可别小看这个工作，这可是要用上数学、会计学、管理学等专业知识的。如果干得不好，年终总结核对时，季孙氏家里的钱粮开支对不上账，麻烦可就大了。

但这显然难不倒我老师。从认祖归宗"有志于学"开始，他就积极地恶补春秋贵族们需要学习的"六艺"技能。这些技能包括礼、乐、射、御、书、数，也就是礼仪、音乐、射箭、驾车、写字和算数。其中的数，就被我老师很好地运用到了这里。他算的账，毫无错漏，年终发红利时分配也很公平，很叫人服气。

季孙氏发现了我老师的才能，想对他进行专门的考察，于是调他去干当初猴哥在天庭干过的工作——管理季孙家的畜牧业。你可能要说了，这都是什么鸡毛蒜皮的杂事呀，怎么都要被大家尊为至圣先师的我老师去干呢？真是大材小用！可是，也别小瞧它。

在当时，畜牧业也是一个大家族的重要经济来源，管理妥当，那也是需要本领的。你看，后来一统天下的秦国人的先祖，就曾经

是给周天子养马的呢。人生的每一种经历，都是宝贵的经验，说不定以后都能派上用场。

在我老师管理牧场的时候，季孙氏的牛、马、猪、羊都被喂得膘肥体壮，数量也翻了几倍。

季孙氏对我老师的工作很满意，接连几年都把他评为年度优秀员工。为了充分地物尽其用，人尽其能，我老师又被提拔去管营造的事了。

有人好奇，我老师就像一块砖，哪里需要哪里搬，他怎么那么有才呢？我老师听了以后忍不住笑，说了一句至理名言："嘻，还不是因为穷人的孩子早当家吗？我小时候很贫穷，所以很多粗活都会干。"

> 吾少也贱，故多能鄙事。
> ——《论语·子罕篇》

鉴于这些工作经验，我老师又总结了一句话：如果想当一个合格的君子，就不能只会一项技能、只有一个作用，不能像某个固定的器具一样，是碗就只能盛饭，是伞就只能遮雨，而应该多才多艺。

> 子曰："君子不器。"
> ——《论语·为政篇》

子夏课堂札记

子曰:"不患人之不己知,患不知人也。"

——《论语·学而篇》

释 孔子说:"不要担心别人不了解自己,而要担心自己不了解别人。"

　　子贡是个富二代,刚到老师学堂的时候,有点儿小骄傲,到处跟同学们吹嘘家里做生意多牛,夸口自己多厉害。开始大家还应付两句,渐渐地,同学们都不太喜欢跟他聊天了。

　　子贡很纳闷,就去向老师请教。

　　老师说:"你和同学们聊天的时候,是不是只顾自己一个劲儿地说,没有倾听别人的习惯呢?你知道颜回同学的优点是什么吗?知道冉求同学的座右铭是什么吗?知道闵子骞同学的爸妈是重组家庭,后妈对他很不好,还闹出'芦衣顺母'的故事吗?"

　　子贡被问得满脸通红,低着头说:"我不知道。"

　　老师说:"无论是聊天还是做人,不要急着表现自己,要了解别

人。如果聊天的时候只有你一个人像机关枪一样噼里啪啦地说，其他人都插不上嘴，这种单行道，别人也会很无趣的。交往的乐趣在于互相有来有往。所以，我们不要担心别人不了解你，反而要担心自己不了解别人。因为，认为你值得深交的人，自然会主动去了解你。"

小小百科　　古代以什么作为成年的标准呢？

现代以年满18岁作为成年的标志，加冠则是古代成年的标志，一般在20岁前后。

不过，古代对是否成年的认定并不是一直以年龄作为准则，还有一种让人啼笑皆非的标准——身高。

湖北云梦县出土的《睡虎地秦简》中有不少相关法律问答，譬如：一、甲某买凶杀人，而凶手乙身高不足6尺，甲应该怎么判刑？二、甲某偷了牛，偷的时候身高只有6尺，过了一年，他长到6尺7寸了，应该怎么判？

这些例子都说明，秦朝的律法是以身高作为成年标准的。秦朝的一尺约为23.1厘米，不足6尺相当于不到140厘米，可以算是不具备刑事能力的人，因此第一个案例中只问甲某怎么判。第二个案例中，头一年量的时候身高不足140厘米，第二年量的时候已经大约155厘米了，足以负法律责任。因此，这位偷了古代农业社会中重要生产工具的人，最后被判的是服劳役。

根据《睡虎地秦简》中诸多问答显示，秦朝的成年身高，应该是6尺5寸，也就是150厘米左右。所以，如果身高不够，在秦朝很可能你一辈子都成不了年。

爱问问题的青年

　　大家好,还是我子夏。今天我将带你们看看我老师"唐僧"的一面。

　　我老师其实也是个好学生。他年轻的时候特别好学,最喜欢的就是从古代的贤人身上吸取智慧,每天都扎进浩如烟海的古籍里,贪婪地汲取知识和经验。有人会说,这真是个枯燥无趣的日常,但我老师觉得,经常和古代那些大佬对话,比天天吃肉还开心。在书的海洋里,他看过尧舜营造的盛世,和大禹一起治过水,和汤武一起吊民伐罪,还跟周公下过棋,一起讨论"礼乐仁和"的"中原梦"……徜徉在其中,感觉人生一下达到了巅峰。

　　除了向古书求道,我老师也不肯放过现实社会里任何一个长知识的机会。因为他发现了另一个真理：书上说的和现实的发展，不一定都能严丝合缝地对上。比如说，书上写夏朝的礼仪制度是怎么样的，可它的后代杞国不完全是这样；书上说商朝的社会风俗是怎么样的，但它的后代宋国的画风也是突变的。我老师很担心，如果有人请他去开讲座，讲"夏商文明的社会风俗与生活史"这个课题，他说出来的和现实不匹配，那就尴尬了。所以他认为，尽信书不如无书，还需要再向现实求证，把古今结合起来。

为了尽量保证知识的准确性，也为了防止遇上"杠精"，我老师治学和求知的态度十分严谨。他的办法就是：疯狂提问。他认为，人活到一定的年纪，不管他是干啥的，一定有自己可以学习的地方。所以，每遇到一个自己不擅长的领域，他就要去"不懂就问"。

比如，看见田里插秧的农民伯伯的帽子在大风天不会被吹走，他就要问："老乡，你这顶帽子编织得这么紧凑，用的啥材料？"看见隔壁老王冬天晒太阳，他就要问："大爷，您觉得冬天的太阳和夏天的太阳温度是一样的吗？"看见妇女在池塘边洗衣服，他就要问："大嫂，用什么化学物质洗衣服才最干净？"

他为自己这种行为总结了好几句让你们必须背诵的名言：

> 子曰："三人行，必有我师焉。
> 择其善者而从之，其不善者而改之。"
> ——《论语·述而篇》
>
> **释** 孔子说："几个人在一块儿走路，其中一定有可以成为我们老师的人，选取他们身上的优点学习，看到的缺点则加以改正。"

> 子曰："敏而好学，不耻下问。" ——《论语·公冶长篇》
>
> **释** 孔子说："聪明灵活，爱好学问，谦虚地向地位比自己低的人请教，不感到羞耻。"

有一回，我老师得到一个跟着大家去鲁国太庙参观的机会。这可让他兴奋了好几天。鲁国的太庙，就是祖宗周公旦的庙，那是鲁国最庄严神圣的地方。在我老师生活的时代，流传着一句话："周礼尽在鲁"，而太庙就是整个鲁国最能体现周礼的地方。参观太庙对于热爱周礼的我老师来说，就好像是想瞌睡有人送枕头，想喝水有人递茶杯，求之不得呀。

到了那天，还没走进太庙，我老师就开始向身边的人滔滔不绝地提问，比如，这个庙门是啥时候修的？门口的神兽有啥讲究吗？祭祀那天大家都是什么穿戴？在这里占卜一定灵验吗？祭祀的时候，要提前宰杀多少牛羊猪？周公的魂魄到底是在周国享受祭祀，还是常驻鲁国？……搞得一旁的礼仪官回答得口干舌燥，心说这个孔丘真不懂礼，问那么多问题，也不给颗润喉糖。

回去后，礼仪官忍不住对身边的人吐槽："谁说那个叔梁纥的儿子很懂礼啊？他跟着我去太庙，啥都不懂，每件事都要问，就没停过嘴。这孩子就像个移动版的'十万个为什么'啊！"

听礼仪官吐槽的人刚好和我老师关系不错，就把这话传达给了他。我老师听了，忍不住笑："我这么做，就是体现礼啊。"

这话怎么解？

因为太庙是一个庄严肃穆的地方，说话做事不能有任何瑕疵和纰漏，把每件事都问得清楚仔细，就可以预防说错一句话，做错一个动作，对周公造成不敬。这么谨慎小心，不正是礼的所在吗？

问得多，虽然显得很啰嗦，但从别人那里取到的真经也很丰富。所有这些旧伦理和新经验交织在一起，就塑造了我学问渊博的老师。从此，他就像一个活体图书馆，2000多年来不断地输出文化。

子夏课堂札记

子曰:"学而不思则罔,思而不学则殆。"

——《论语·为政篇》

释 孔子说:"只学习不思考,就会感到迷茫;只思考不学习,就会产生疑惑。"

有一次,老师带着新课题准备开讲,子路连忙举手:"老师,昨天讲的内容我还没记熟,能不能先不讲新课,我们再复习一下?"

老师听了,笑着说:"可以,但没必要。"

子路一脸疑惑,忙看向其他同学,希望大家帮帮忙,不然到时候他考试不及格,没有一个同学是无辜的。老师看子路焦急,笑着说:"子路啊,我讲的内容不是让你死记硬背的,你要融会贯通,要学会举一反三,多思考啊。只学不思考,那知识就是死的,只会白白占你的脑容量。"子路听了,似懂非懂地坐了下来。

老师正准备开讲,忽然看见坐在角落的子贡眼睛瞟向远处,似乎正在神游。老师敲了敲戒尺:"咳,子贡,你在干啥?"

子贡被老师的声音召回,忙解释说:"老师,我在思考人生。"

老师问:"想到哪儿了?"

为了掩饰刚才的走神,子贡忙祭出人生无解的难题:"树叶为什么会凋零?河流为什么会枯竭?生命为什么会消逝?"

老师不慌不忙地继续发问:"想明白了吗?"

子贡摇了摇头。老师说:"子贡啊,虽然你善于思考,但光思考不学习,是得不到答案的。就像抓沙子,抓得越紧,掉得越多。所以,我们要学习啊。"

小小百科

去别人家玩,一定要提前问清楚"你妈贵姓,你爸叫啥"

孔子进太庙每事必问,从礼仪的角度,正是为了避免犯错。正如那时的社交礼仪规定,"入国而问俗,入门而问讳",去一个国家,要问他们的风俗;去一个人家里,要问对方的父母叫啥。

为啥要这么做呢?

问一国的风俗很好理解,是为了避免触犯别人的禁忌。这既是照顾别人的情绪,也是尊重他们的习俗。

去到别人家里,先问他爸妈的名字,也是为了避免冒犯长辈。古代社交礼仪规定,去别人家,说话时字里行间不能提到对方父母的名字,比如,孔鲤的同学来孔家做客,不能开口闭口就说"丘陵""小山丘"等字眼,因为孔子的大名叫孔丘。

这就是"名讳"一词的由来,对长辈和尊者的名字,必须有所避讳。当然,现在我们就不必再这么避讳了。

招生、招生，开学了！

大家好，还是我，子夏。

今天，我们来到了我老师人生中最重大的转折时刻——创业。

30岁的时候，我老师做了一个艰难的决定：开办学校。

所谓"知识改变命运"，下定这个决心是因为，我老师目睹了当时的教育都由官方垄断，平民根本没有机会上学，没法改变命运。而他自己恰恰是从平民认祖归宗，才得到教育机会，从而能跻身贵族朋友圈。所以，他希望大家都能像他这样，被培养成君子以后，用自己的能量，影响和改变更多的人。

针对那会儿教育门槛很高的问题，我老师招生的时候，对条件放得特别宽，几乎可以说是零门槛：只要拿点儿干肉来拜师，无论

是谁，他都愿意教。什么？你问我老师为啥还要向平民收干肉做学费？拜托，我老师也要养家糊口，总不能逼他做慈善吧？

刚开始的时候，我老师名气还不是很大，跟他学习的，都是一些颜家庄的老乡，也就是和我师奶颜徵在一个村的。你看"孔门七十二贤"里有那么多"颜氏"师兄弟就可想而知了，他们基本都是孔家学院的第一批学员。

后来，因为挑战了传统的教育模式，又因为教学通俗易懂，我老师一夜爆红，来他这里报名求教的人越来越多，甚至还惊动了中央——鲁国的贵族孟孙氏。

说起来，孟孙氏两兄弟来求学，还是一段不好外扬的家丑。

孟孙氏的家长孟僖子不太爱学习，虽然成长在文化氛围最浓的国家，但对礼仪，他都忘得差不多了。有一次，他作为副手陪鲁昭公出使楚国，结果却闹了个"社会性死亡"的笑话。宾主双方见面的时候，楚国人热情地接待我方成员，提前跑到郊外迎接，隆重地举办了个"慰劳礼"。结果鲁昭公和孟僖子完全不知道这套礼仪是怎么回事，应该怎么回应？只能尴尬地一直赔笑。

楚国人见了，忍不住笑，又不敢放声大笑，只好暗地里嘲讽鲁国："原来周礼之邦也就这样啊。"

这句话深深刺激到了孟僖子，自己丢脸事小，外交场合给国家丢脸，而且是在"蛮夷"的楚国丢脸，真恨不得"自挂东南枝"（自杀算了）。回去以后，他就狂补礼仪课，一直到临死前，还把全家人召到一起，吩咐两个儿子，一定要到我老师这里来学习。就这样，我就有了第一对贵族师兄弟，孟孙何忌和南宫敬叔。

随着教育声威的扩大，我老师成了国际名人，收到不少跨国求学的申请，如卫国的子贡师兄、齐国的公晳（xī）哀师兄、宋国的原宪师兄，当然，也包括我。于是，我们整个学校就成了一所国际交流大学，大家的身份也横跨各行各业和各阶层，有最底层的普通老百姓，有各国的商人，有比较低级的贵族，还有孟孙氏兄弟这样的高级贵族。这就是我老师所提倡的"有教无类"。

> 子曰："有教无类。"
>
> ——《论语·卫灵公篇》
>
> **释** 孔子说："每一个学生我都会教他，不会因为学生穷或富、贵或贱、聪明或愚笨而把他们分门别类，决定哪些教，哪些不教。"

作为一个教育家，我老师为啥这么出色呢？因为他对学生是真正的用心，了解每一个人的优缺点，做到对症下药。举个例子：

子路师兄是个急性子，基本说风就是雨，晚上有什么想法，一定忍不到第二天。冉有师兄则是个谨慎小心的人，做事比较犹豫，一点儿难题都能让他犹豫个三天。因为这样，他可能会错失很多机会。有一回，子路师兄问老师："一个道理，听到了就要去实践吗？"老师回答说："你爹妈还在呢，哪能听到了就去做呢？"过了一会儿，冉有师兄来了，问同一个问题，结果我老师回答的却是："嗯，没错，听到了就赶紧行动吧。"

此时，本来在一旁默读的公西华师兄脑袋上缓缓打出一个问号：是自己的耳朵出了问题，还是老师搞错了？公西华忍不住求个明白。我老师笑了笑说："是同一个问题，但子路和冉有不是同一个人呀。子路性子急，争强好勇，所以我压压他；冉有性格内敛，容易退缩，所以我鼓励鼓励他。"

公西华师兄下课后和几位师兄弟分享起这个小故事，大家对老师从心底涌起的佩服，比四大洋的海水加起来都深。

老师对我们每个人的教导和爱，都是不偏不倚的，甚至也不比对他亲儿子孔鲤少。关于这点，有一位好事的师兄陈亢，忍不住帮我们问了一个大家都想问却不好意思问的问题。有一回，陈亢看见孔鲤一个人待着，就赶紧过去问："师兄，我有一句话不知当讲不当讲。老师有给你开绿色通道，对你有啥特别的教诲吗？"

孔鲤叹了口气："哪有这回事啊，爸爸对我严肃得很，我都有点儿怕他。"他回忆了一下，又说："如果说单独教育，确实有两次，一次是他一个人站着冥思，我正好经过那儿，心想要加快速度走过去，免得被他逮着问学习。结果我还没溜走，他就问我学《诗》了吗。我说没有，他就说了句，不学《诗》，以后就不会应对外交场合的赋诗明志环节。又有一次，一模一样的情况，我又被他逮到问学《礼》了没有。我说没有，他说，不学《礼》，就不懂立身处世。这算开方便之门，一对一教导吗？"

听到这儿，陈亢变成陈亢奋了，连蹦带跳地跑过来跟大家说："解惑解惑了！老师并没有藏私！我一个问题学到三个道理，一个是关于《诗》的，一个是关于《礼》的，还有一个是君子对亲儿子

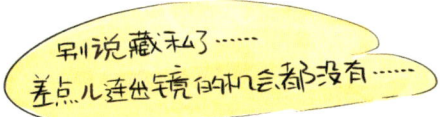

也没有偏爱,超值!"

因为这些师兄弟八卦出来的小细节,我们更了解了老师。这个世界有我老师孔子,真幸运。

不过,我老师听到大家对他有这种怀疑,还是有点儿生气的。第二天上课,他气鼓鼓地撒怨气:"你们这些人,以为我对你们会藏着掖着吗?我没有什么不能对你们传授的,我也不会藏私,这就是我孔丘的为人!"就差没有直言"气死本宝宝了"。这老爷子,还真是可爱。

子曰:"二三子以我为隐乎?吾无隐乎尔!吾无行而不与二三子者,是丘也。"

——《论语·述而篇》

子夏课堂札记

子贡问:"师与商也孰贤?"子曰:"师也过,商也不及。"曰:"然则师愈与?"子曰:"过犹不及。"

——《论语·先进篇》

释 子贡问:"颛孙师(子张)跟卜商(子夏)谁更优秀?"孔子说:"子张做事过头,子夏做事差点儿劲。"子贡说:"那子张要比子夏好一点儿喽?"孔子说:"过头和不够一样不好。"

　　子贡听说老师对每一个学生的脾气性格都很了解,很想求证一下。刚好,师弟子张一直想得到老师的认可,就托子贡去问他在老师心中是怎么样的。子贡找了个合适的契机,还拉上了我做比较,开口就问:"老师觉得子张师弟和子夏师弟谁更棒?"

　　不知道老师是没打算隐瞒,还是没意识到这是一个圈套,直言不讳地指出了两个人的缺点:"子张这个人做事比较过头,子夏嘛,

又不太够，都不够完美。"

子贡有点儿尴尬，还想再找补："那子张要略胜一筹吧？"

老师又毫不客气地说："做事过头就比做得不够好吗？就好比画蛇添足和只画个蛇头，都不得分哦。"

小小百科　　《诗经》竟然有这个作用？

孔子说："不读《诗》，无以言。"你一定很疑惑：我就不读《诗》，该表达的还是表达得清清楚楚，有啥不会说话的？

也有人说，这话是成立的，读诗会让人显得优雅浪漫。比如，没词汇量的人看见美景，就只能说："哇，好美！""哇，漂亮！"而读了诗以后，看见江水之美，我们可以说："落霞与孤鹜齐飞，秋水共长天一色。"到了春天，我们可以说："迟日江山丽，春风花草香。"夜色醉人，我们可以说："江天一色无纤尘，皎皎空中孤月轮。"多有意境呀。

这话不错，但并没有了解孔子的原意。孔子说的《诗》，是特指《诗经》。《诗经》虽然是各国民歌，但它还有一个很大的作用——外交场合用语。当时，贵族在大场合交流，开口都必须唱诗。诸侯大夫们在外交场合谈论国际大事，也经常以《诗经》开头。换句话说，《诗经》在春秋时就是一种贵族都需要学的外交辞令。

所以，孔子说"不读《诗》，无以言"，完全不是在贩卖焦虑。在当时的社会背景下，你要是不读《诗》，就上不了大场合，听不懂别人说什么，也不知道怎么接茬，就会像孟僖子那样，即使被人用诗讽刺了，还在乐呵呵地赔笑呢。

老师也要不断学习

嘀嘀，通往孔子人生的客车就要发车了，请没上车的同学抓紧时间调整好状态，跟着子夏我继续去游览我老师的智慧人生。

我听说后代有一句至理名言叫"学如逆水行舟，不进则退"，如果我老师听说了这句话，他一定会激动地给它的原创者梁启超先生竖大拇指点赞。他一生好学，又说了无数劝学金句，却忘了这个精妙的比喻。

对我老师来说，停止学习，也就停止了存在。所以，年轻的时候，我老师给自己制定的人生小目标就是学习；即使后来当了老师，他也仍然继续学习充实自己，恨不得把全天下的知识都打包装进脑袋里。他有多好学呢？除了吃饭睡觉，只要醒着，他不是在学习，就是在去学习的路上。就这样，他还常常担心别人背着他在偷偷学习，担心自己赶不上别人。

用他的话来说，这叫"默而识之，学而不厌"。

> **默而识之，学而不厌。**
> ——《论语·述而篇》
>
> **释** 把所见所闻默默地记在心里，努力学习而不厌倦。

创办了学校以后，我老师的名气以鲁国为半径向外扩散，他的社交领域也开拓了很多。最直观的，就是能见到更多大人物。

有一次，同在山东半岛的隔壁郯（tán）国的领导人按礼仪来鲁国交流学习，期间大家谈了个长知识的话题。

郯国有个奇怪的规矩，用鸟名当官名。比如，鲁国叫司徒的，他们叫祝鸠（jiū），鲁国叫司马的，他们叫雎（jū）鸠，简直就是生僻字创造者。鲁国的叔孙氏觉得很好奇，就问原因。

郯国国君心说，你要聊这个我可就坐不住了，这可是我祖宗的事，我最有发言权了。他当即站起来引经据典，滔滔不绝，从三皇五帝回忆起："以前黄帝用云做官名，炎帝用火，共工用水，太昊用龙，我祖先是少昊，用的就是鸟。这是为什么呢？因为在我祖先少昊当领导的时候，正好有凤鸟飞过来庆贺。所以你看，在我国，司徒是祝鸠氏，司马是雎鸠氏，司空是鸤（shī）鸠氏，司寇是爽鸠氏，司事是鹘（gǔ）鸠氏。这是五鸠，另外还有五雉（zhì）、九扈（hù）……总之吧，天上飞的，被我们一网打尽啦。"

这段让人大开眼界的话在鲁国迅速传开了。我老师听说后，赶紧也跑去找老郯交流学习。郯国国君没想到一个这么小的知识点，竟让自己成了焦点人物，正好大展才华一下，就把知道的倾囊相授，听得我老师大呼长知识！

中国人都有一个梦想，去伟大首都看看。见了老郯之后，我老师的这个愿望更强烈了。小小的郯国都能让自己长知识，繁华的周朝国都洛阳就更是天下有学问的人的汇集地了。我老师的这个小心愿，在他34岁那年，在贵族学生南宫敬叔的安排下，终于得以实现。

南宫敬叔不仅自费支持我老师去国外进修，还把这事给鲁国领导人打了报告。鲁国国君一听说是长门面的事，当即给我老师派了一辆两匹马拉的车和一个仆人。这件事对我老师来说意义重大，因为当时坐车出行是体面贵族的标配。从此，我老师也是有车一族了。

一到洛阳，我老师就赶紧去拜访天下闻名的大学问家，也是当时的首都图书馆馆长老子。作为一个生活在书库的人，老子知识十分渊博，我老师向老子请教了好多关于礼的知识。

这件事后来据说成为了经典场面——"子见老子"。后世人都说，这次见面，可以称得上历史上最伟大的见面之一了。

后来，我老师回忆起老子来，那是赞不绝口，还给了一段至高的评价：鱼可以在水里游，鸟可以在天上飞，兽可以在地上走，无论哪一种，人类都可以捕获它，但龙这种见首不见尾的神秘神兽，我们就没办法了。老子就像龙一样高深莫测。

我老师的爱好很多，除了喜欢礼，他也是个音乐发烧友，他觉得音乐的感染力很强，能够正人心。所以，来到洛阳又怎么能放过乐理最好的苌（cháng）弘呢。苌弘对来求学的后辈也是不吝赐教，传授了很多相关知识，让我老师大受启发。

这一趟洛阳之行，我老师是满载而归。临别前，他发表了特别感谢声明，感谢老子和苌弘没有看不起自己这个小辈，感谢他们的知无不言，并称赞他们的言行举止都很有分寸，**能说的一定说，不好说的一句也不乱说。这才是真正有智慧的人。**

子曰："可与言而不与之言，失人；不可与言而与之言，失言。知者不失人亦不失言。"

——《论语·卫灵公篇》

释 孔子说："可以和别人说的却不说，这就会失去一个朋友；不可以和别人说的却非要说，这就会因为语言而犯错。聪明的人既不会失去朋友，也不会说错话。"

子夏课堂札记

子曰:"由,诲女,知之乎!知之为知之,不知为不知,是知也。"
——《论语·为政篇》

释 孔子说:"仲由(子路),让我来告诉你,怎么样是治学的态度。知道就是知道,不知道就是不知道,这才是聪明人。"

有一次,老师讲完课,问大家听懂了没有。其他人都没作声,只听见子路师兄高喊一句:"懂了!"

老师不禁陷入疑惑。他每次讲课的时候,都会问大家,听懂了吗?知道了吗?每当这时候,子路总是第一个表示完全懂了的人。

老师细心留意过,颜回没有疑问,是因为他真的懂了,子路则是在装懂。

细思之后,老师觉得,子路出身贫苦,之前还做过强盗,内心其实是有点儿自卑的。他很怕自己接受能力不行,会被大家嘲笑,

所以装也要装出全班最聪明的样子。别人懂的时候他懂，别人没懂的时候他还懂。

为了纠正子路，也为了戒掉大家的不良学习作风，老师故意当众揪出子路做典型："好啊，下面请子路同学给没听懂的师兄弟讲一遍吧。"

子路脸腾地一红，站起来支支吾吾，半天吐不出几个字。老师故作生气："哼，子路呀子路，你这样的学习态度可不行。你说说你，知道就是知道，不知道就是不知道，不知道我会继续给你们讲解，不懂装懂骗谁呢？考试的分数从来不会骗人！大家看见了吗？要以子路为戒。"

小小百科

你知道"碧血丹心"的原型竟然是他吗？

说到岳飞，你第一个想到的词是什么呢？碧血丹心，精忠报国。在描述一个忠臣的时候，我们经常会这么形容。然而，你可能不知道，"碧血丹心"这个典故，背后也是有故事的。

故事的主人公，就是孔子请教过乐理的苌弘。

苌弘是周朝人，给大贵族刘家打工，忠心耿耿。可惜，他最后因为卷入权力斗争，成了政治的牺牲品。

春秋末期，晋国发生了严重内乱，大臣们组团打架，刘氏和晋国的范氏世代联姻，自然向着范氏。苌弘作为刘氏的参谋长，帮着出了不少主意。后来，范氏团队失败，晋国的胜利者赵氏怪周王朝干预晋国内政，跑来问罪。周天子只好把苌弘流放到蜀地（今四川），但赵氏还不答应。为了给赵氏一个交代，苌弘最终被杀死。

《庄子》里说，苌弘被杀的时候，蜀人不忍心，把他的血藏了起来，后来这鲜红的血竟然化成了碧绿色。这就是成语"苌弘化碧""碧血丹心"的由来。

到大国遛一遛

大家好，子夏带着我老师的故事又来了。

公元前517年，鲁国出大事了。准确地说，是鲁国发生内乱了。这次内乱，让我老师也离家出走了一段时间。

引发鲁国内乱的原因，要从一次斗鸡说起。

当时的贵族没有手机，没法随时随地听音乐、聊天、分享身边的事，唯一的娱乐就是斗鸡了。鲁国有一个郈（hòu）氏家族，家长郈昭伯经常和季孙氏的季平子斗鸡，但两人赌品都不太好，喜欢作弊——季平子给鸡套了护甲，郈昭伯给鸡套上了金属爪子，最终还是季平子的鸡斗败了。季平子输了赌品还要输人品，一怒之下占了郈氏的土地，两个家族就有了矛盾。

鲁国还有一个臧孙家族,也和季孙氏不和。臧昭伯的弟弟臧会想把哥哥赶跑,自己当家长,就投靠季孙氏,天天说臧昭伯的坏话。臧昭伯很生气,派人去季孙氏的地盘围堵老弟,抓住了他。季平子不干了:虽说臧会是你弟弟,但在我家的保护之下抓人,这是不给我面子啊!于是他们又找了个臧孙家的人抓了起来,算是对等报复,双方就此交恶。

郈、臧两家都跟季孙家不对付,于是他们一合伙,跑去找鲁昭公,准备忽悠国君去对付季孙氏。

这时大家可能要问了,鲁昭公和季孙氏有没有仇怨呢?当然有。那时候,鲁国被鲁桓公三个儿子的后代家族"三桓"季孙氏、孟孙氏、叔孙氏把控,国君在他们眼里就是傀儡。鲁昭公心里气得痒痒,早就想解决他们了,只是自己的力量没法跟团结的"三桓"抗争,只好忍气吞声窝囊了24年。现在,有臧家和郈家的加入,鲁昭公终于决定放手一搏,对季孙氏开火。开始进展得挺顺利,可后

来孟孙氏和叔孙氏加入战斗，帮季孙氏对付国君，鲁昭公的军队就顶不住了。打也打不赢，留下来也没好日子，鲁昭公只好卷铺盖逃到了邻国——齐国。齐景公倒是很热情地接待了他，并承诺一定积极地帮他回国。

国君出走，鲁国遭此剧变，我老师怎么办呢？

他毫不犹豫，当即收拾了东西，也往齐国去了。

怎么回事？这跟我老师有什么关系呢？

我老师这么做，一是因为他很守礼，不愿待在乱臣贼子的国家；二是因为当初鲁昭公曾赞助他出国进修，他对鲁昭公很感激。

反正，所谓普天之下莫非王土，率土之滨莫非王臣，全天下都是周王朝的，为哪国效力，对臣子来说都一样。

我老师到齐国后，也受到了齐景公的热情接待，齐景公还向我老师请教了治理国家的问题。于是，我老师说出了那句八字箴言：

君君、臣臣、父父、子子。

齐景公一听，大赞："妙呀，如果君王做不到君王的职责，臣子不安臣子的本分，父亲没有父亲的慈爱，儿子不尽儿子的孝道，虽然齐国很富有，可能也轮不到我享受。"

齐景公问政于孔子。孔子对曰："君君，臣臣，父父，子子。"公曰："善哉！信如君不君，臣不臣，父不父，子不子，虽有粟，吾得而食诸？"

——《论语·颜渊篇》

释 齐景公向孔子问如何治理国家。孔子回答说："做到君主像君主，臣子像臣子，父亲像父亲，儿子像儿子，一个国家所有关系都顺畅，治理自然就好了。"齐景公说："妙呀！如果是君不像君，臣不像臣，父不像父，子不像子，即使有粮食，我能吃得着吗？"

齐景公默默地想，现在邻国老鲁住在我这儿，不就是因为臣子不安臣子的本分，他才被扫地出国门吗？不由得更佩服我老师总结得精妙了。

但我发现，现在很多人因为这句话误解我老师，认为他喜欢用君臣父子的伦理关系压制别人，成了统治者奴役人民的帮凶。这真是天大的误会。

我老师是个救世主义者，他从不认为有才华的人只能忠于一个国君，而是哪里适合发展，哪里能施展抱负，就可以去哪里。这样的大局意识，又怎么会狭隘到只为某一个统治者考虑呢？

事实上，我老师的这句话前后是有严密逻辑的。你看，"君臣父子"这几个字，先君后臣，先父后子，都是表示：在前面的人应该先有道德，先有自己该有的样子，这样当臣子的和当儿子的才能正确地同等回应。如果君王不像君王，臣子还怎么能有好臣子的样子？如果父亲品行不好，儿子却为了对他尽孝而帮他做坏事，不是助纣为虐吗？所以，他是先对上约束，再有在下位的人的反馈。这显然是约束统治者的行为，希望他们能更通情达理，更有作为一些。这在我老师的思想里是一以贯之的。

经过我的现场解说，以后没人再误会我老师了吧？

子夏课堂札记

子曰:"温故而知新,可以为师矣。"

——《论语·为政篇》

释 孔子说:"温习旧的知识时,能得到新的发现和体会,就可以做老师了。"

自从跟老师学习以后,我就体会到了教书育人的快乐,于是我也立了个小志向——继承老师的衣钵,成为一名合格的人民教师。不过,学习这件事,虽说努力会有回报,可更讲究用对方法。方法不对,一切白费。我们班里好像只有颜回师兄从一开始就找准了门道,因此他学习起来总是很轻松的样子。为了全面向颜回师兄看齐,我努力践行老师的教诲,每天都认真复习老师在课堂上讲的知识,遇到不明白的事情就积极向老师和师兄弟请教。同学们开玩笑地说,我这真是叫"不耻'夏'问"。

我日常的努力也被老师看在眼里。有一天，老师找到我："子夏同学，勤奋刻苦，你是做到与颜回比肩了。但你每天温习功课，有什么所得吗？"

我如实回答："特别的所得也没有，但每次温习功课的时候，好像都有一点儿新的领悟。老师讲的道理，总是能让我常读常新。"

老师赞叹道："哇！那你很厉害呀！能在温习旧知识的过程中，得到新的认识和体会，小子，你前途不可限量，可以赶上我，当一名老师了。"

小小百科

春秋战国的贵族为什么在各个国家都能工作？

春秋时期有一套政治避难原则，对各国的贵族，无论他是谁、哪国人、犯了什么罪，只要逃亡到另一个国家，该国就有保护他的义务。

这种保护是要尽全力的，拒绝跨国抓捕，而且也绝不会将对方引渡回国。别人投靠你，你把他遣送回去，以后还怎么在江湖上立足？

这套政治避难原则不仅保护逃亡者的人身安全，逃亡者还可以连带母国的官位一起"移民"。当然，不是母国继续提供俸禄把人养在国外，而是接收的国家要给他安排恰当的身份。不过，在政治避难的时候，异国的封赏是降级处理的，所在国必须比照逃亡者在母国的地位，给予降一级的官位。

正因为有这套原则，春秋战国时期许多饱学之士到处奔走，并不完全忠于一个国家。到了别国，既能保命，又能施展抱负，大家也就没必要都守着一口枯井等死了。

小个子与大个子

　　子夏我也是个爱八卦的人。今天，我要来聊聊我们那个时代的两位大佬——晏子和我老师的恩怨。

　　上回说到我老师到了齐国后，受到齐景公的热情接待。第一次"网友见面"印象良好，过了几天，齐景公再次向我老师发出面聊申请，如果聊得好，就准备留用了。

　　于是，我老师又来了。这一次，齐景公又进一步问应该怎么治理国家。这个问题可太大了，就算写篇三十万字的论文也难以说清楚。所以，我老师选择了针对齐国的问题简单说一说。自从来到齐国后，我老师就看到了各种铺张浪费的现象，说起来，这还得感谢名相管仲。当初，齐国在管仲的改革下，设定了靠海吃海的方针，把鱼和盐都纳入国家税收，全国的 GDP 噌噌噌猛涨。于是，齐国人就开启了狂浪奢靡的生活风气。针对这个问题，我老师就说：管理国家要节约，不能浪费。

齐景公心里想：对啊，后代不是有句话叫"成由勤俭败由奢"嘛，奢侈浪费不好，得改。其实，齐国人不是不知道这么简单的道理，只是大家都生活在这种氛围下，日子过得很快乐，没人愿意从吃山珍海味变成吃糠咽菜，所以也就没人会提出这种减少自己福利的事。这次聊完，齐景公深深地感受到，我老师是个敢于说话的人，是个能为国家长远考虑的人，马上就想给他封块地方，让他世代为齐国效力。

正当我老师要成功跨上新台阶的时候，有一个人站出来了，劝齐景公冷静冷静。这人就是齐国的相国晏子。

晏子一连说了我老师好几个"不合适"。比如，像孔子这样的读书人能说会道，不太守法，难约束。他们读书多，高傲，自以为是，很难听从调遣。再比如，他们注重的都是繁文缛节，无论是婚丧嫁娶还是日常生活的礼仪都列出一大堆，根本不便于操作。晏子特别指出，烦琐的礼仪在当下这个到处打仗的快节奏时代，实在是不合时宜。现在已经礼崩乐坏了，还想重新搞礼乐，根本不可能实现。

齐景公想了想：嗯，你说得很有道理，我竟无法反驳。就这样，晏子的短短几句话，就彻底断送了我老师在齐国的前程。

晏子为什么这么说我老师呢，他们之间有什么仇怨吗？

还真没有。

其实，这次在齐国并不是他俩第一次见面。早在几年前，齐景公带着团队到鲁国友好访问的时候，我老师就陪在鲁昭公身边。当时，齐景公还特地向我老师请教，像秦国那种偏僻的弹丸之地，秦穆公是怎么发家致富强大起来的呢？我老师说，别看秦国小，他们的志向却很大，谁也挡不住有梦想的人啊。所以，他们虽然所处

的环境不好,但因为有好的想法和目标,做什么都在朝着这个目标走,有什么事办不成呢!

齐景公听了很高兴,而喜欢辩论的晏子也没有插嘴。可见,他当时对我老师并没有什么意见。所以,他不支持我老师在齐国用礼乐治国,只是考虑到事情的不可能,不愿意折腾而已。

当然,如果非要说晏子对我老师有什么看起来不太友好的地方，那也确实有一点。众所周知，我老师是个孔武有力的大高个儿，换算成你们能具体理解的高度，大约有190厘米。可晏子却是个小个子，身长不足6尺，可能还不到140厘米。所以，他俩的会面，我们闭上眼睛想象一下，都会觉得场面过于滑稽。

但晏子是个幽默风趣又机智的政治家，以他的格局，不会故意打压我老师。何况，我老师当时并没有在政治上办过什么大事，也不值得晏子这种政治行家出手压制。关于晏子与我老师不和的千年谣言，今天我就在这里为大家破了！

不信？你看我老师对晏子的评价：

"晏子很擅长跟人交往，时间久了，大家都很敬重他。"

> 子曰："晏平仲善与人交，久而敬之。"
> ——《论语·公冶长篇》

他是非常尊敬晏子老先生的！不过，因为晏子阻拦了我老师在齐国发展，最后，我老师只好收拾行囊，从哪儿来回哪儿去了。这一年，我老师将近40岁了。

子夏课堂札记

子曰:"不患无位,患所以立;不患莫己知,求为可知也。"
——《论语·里仁篇》

释 孔子说:"不要担心得不到官位,应该担心自己有没有能力胜任。不要怕没人知道自己,而应该努力让别人知道自己的本领。"

老师在齐国求职失败,回到了鲁国,学生们围过来一起为老师惋惜。有人安慰老师,有人说齐国人没眼力。

老师心平气和地问大家:"如果你们遭遇这种事,会怎么办?"

"骂他!画个圈圈诅咒他!"子贡为了调节气氛,故意开玩笑。

"可能会暗暗埋怨对方不识人吧!"颜回也开口了。

老师笑了:"像这种找工作失败的事,不仅仅是我会遇到,以后大家可能都会遇到。我告诉你们一个道理,我们不要担心自己得不到官位。我们要思考的是,如果别人真的给了我们这份工作,我们能胜任吗?可以让领导满意,让百姓认可吗?我们不要怕没人知道我们,如果现在没什么名气,没人请我们去做事,我们就要努力学习,努力让别人了解我们的本事。"

大家一听,豁然开朗,并总结了一个道理:有问题,从自身找原因,先把自己修炼端正了,机会总会来的。

小小百科 封地是什么?封建制度原来是这样的!

春秋时期,经常会有给人一块封地的说法,这是怎么回事呢?

这就要说到古代的封建制啦。所谓封建,就是分封和建设。在我国夏商周的时候,采取的都是封建模式。这种模式是这样的:所谓普天之下莫非王土,天子一个人管不过来那么多土地,需要亲戚和臣子们帮忙看守,所以他就要把臣子封到各个地方去镇守,臣子们就变成了诸侯。一个诸侯国,事情也很多呀,所以诸侯也要找亲戚和臣子帮忙,把国内的某些地方再封给他们,让他们来管理。

得到封地的人不仅成了这个地方的长官,而且是有实际收入的——这个地方的人民纳的税就归他所有了。所以,有了封地就是成为世袭贵族的标志。孔子在齐国差点儿成了有封地一族,可惜被晏子阻拦,最终没能成功。

一次长知识的神游

大家好，我是子夏。今天，回忆又把我带到了过去，我忽然想起了师兄们说到的在老师家上学时一件有意思的事。

我们师兄弟在孔门求学的时候，老师不只是传授知识，也经常会谈论彼此的志向，就像小学老师问"你们长大了想做一个什么样的人"一样，大家对未来充满憧憬，畅想着彼此心中的理想生活。

在一个天气晴好的日子，子路、曾皙、冉有、公西华几个师兄弟在老师身边坐着。当时没什么课题，小师弟曾参的爸爸曾皙在一边弹瑟。春风吹来，带着徐徐暖意，老师也怡然自得。

过了一会儿，老师发问了："不要因为我比你们年纪大，大家在我面前就不敢畅所欲言。来吧，聊聊人生！我想问一下，你们平时总说没人了解自己，如果有人给你们机会施展才能，你们打算怎么做呢？"老师的意思是，希望大家把这次谈话当成一次职场面试，给招聘的领导来个自我介绍，谈谈志向，说说自己能做到怎么样。

老师的话音刚落，我们最勇猛的子路师兄就抢先发言了："假设有一个拥有一千辆兵车的国家，夹在大国之间，是个受气包，经常遇到外国侵犯，为此还遭遇饥荒……如果我来治理这个国家，给我三年时间，我一定能让每个人都变得很骁勇善战，而且都懂得做人的道理。"

老师听了，没有点评，只是意味深长地笑了一下，接着点名冉有师兄："你会怎么样？"

冉有师兄是个性格沉闷的人，不被点名的话，从不主动发言。见老师问，他回答说："一个纵横六七十里……或者更小点儿吧，五六十里的地方，如果让我去治理，三年时间，我可以让人人都脱贫奔小康。至于礼乐这种难度比较大的事，只能等有才华的君子来

做了。"冉有师兄是个务实低调的人，后半段既是谦虚，也算是事实。

接着，老师又问公西华。见冉有说得低调，公西华更低调了："我也不敢说我能做什么，我就是愿意努力学习。那种宗庙祭祀、诸侯会盟、朝见天子等工作，我愿意穿戴整齐，戴着礼帽，在其中当个小小的司仪，引导大家的礼仪。"

老师没说什么，转头问一心弹瑟没有开腔的曾皙。

曾皙被问到，弹瑟的声音渐渐稀疏了，接着"铿"的一声，他放下瑟，郑重地说："我和他们三个的想法不太一样哈。"言语间好像有点儿不太好意思。

老师马上鼓励："这有啥，我们也不是正式的面试，就是谈谈各自的志向，畅所欲言，畅所欲言嘛。"

"好吧。"曾皙站了起来，眼睛望向远方，慢慢地说，"我希望，**晚春时节，天气不冷了，我们已经换上了春装，这时候，约上五六个成年人，再叫上六七个儿童，我们一起去沂水里游泳，在祭祀求雨的舞台上吹吹风，快活完了，就一路唱着歌回家。**"

老师听完，这次终于出声评价了："啊，那个——我和曾皙的想法一样。"

> （曾皙）曰："莫春者，春服既成，冠者五六人，童子六七人，浴乎沂，风乎舞雩，咏而归。"
> 夫子喟然叹曰："吾与点也！"
> ——《论语·先进篇》

大家一听，感觉好诧异，原来老师不是想说自己多有能耐，而是想当个淡雅的隐士。其实，老师倒不是想隐居，他的一腔热血还是想治理国家，改变这个战乱的世界，只不过，偶尔在这郊外悠闲地吹着风、听着音乐，当一回天地间潇洒自在的人，也很不错嘛。

　　课上完了，曾皙故意慢慢收拾自己的瑟，最后一个走。等大家都走了，曾皙准备和老师来段秘密谈话："老师，那三位说得怎么样？"

　　老师诚恳地说："算是谈了谈各自的志向吧。"

　　曾皙还是按捺不住内心的好奇，直接问了："那老师为什么要笑子路？"

　　老师说："治理国家要用礼，子路说得那么不谦虚，我实在是没忍住。"

　　曾皙继续问："那，冉有同学讲的不是国家大事吧，你怎么不点评他？"

　　老师说："那么小的就不是国家吗？"

　　"那，公西华讲的也算国家大事吧？"

　　"公西华的志向不错，但他很低调，如果他都只能做个小小司仪，谁能做更大的事啊？"

　　诚实地说，我老师真的对我们每一个人都很了解。这样用心的老师，我遇到了真是幸运。

子夏课堂札记

子曰:"不愤不启,不悱(fěi)不发,举一隅不以三隅反,则不复也。"
——《论语·述而篇》

释 孔子说:"教导学生,不到他冥思苦想仍领会不了的时候,不去开导他;不到他想表达又找不到合适的言辞表达的时候,不去启发他。教给他一个东西,如果他不能举一反三,就不要重复教他了。"

    有一次,老师上课时讲了一句诗,让大家去琢磨意思。子路咬着手指,好像在苦思冥想。老师观察了半天,没去打扰他。冉有皱着眉头,时不时看老师一眼,好像想提问,但又始终没举手站起来。

    过了一会儿,老师问子路:"想出什么了没?"子路苦恼地摇了摇头,向老师请教。老师这才把诗的意思讲了一遍。然后,老师又转头去问冉有是不是有什么想问的。冉有站起来支支吾吾,不知道怎么开口。老师一阵偷笑,然后逐一询问,启发他把想说的表达出来。

    老师环顾四周,只有子贡一脸轻松,好像早已掌握了。不仅如此,见老师看自己,子贡马上讲了另外两句诗,问老师是不是这个

道理。老师大笑，一一解答，然后欣慰地说："子贡不错，能从我讲的话里领会到我还没说到的意思，以后我可以跟你谈论《诗》了。"

下课后，子贡偷偷地问老师，为什么不一开始就帮子路和冉有解答疑问，要让他们自己想这么久。老师神秘地一笑："这你就不懂了，当老师有当老师的技巧。我教学生，如果不是他苦思冥想也想不出来，我就不去开导他，脑子放在头顶上就是要用的，学而不思则罔嘛。同样，如果不是看他想表达却又找不到合适的语言，我也不会去教他怎么说，人的表达能力是要自己训练的。我希望内敛的冉有能自己多主动表达，这样，以后他当了官也就会处理人际关系了。至于你嘛，你能举一反三，领悟力强，所以我们可以谈更深层次的话题。"

小小百科　　在古代，有多少车算大国？

春秋战国时期，衡量一个国家实力的标准就是有多少辆战车，因为那会儿打仗都是车战。

一辆战车的配备是很完善的，车上有三到四个人，其中三人是标配，偶尔也会有四个人坐一辆车的情况。他们是：主帅，负责击鼓（如果有四个人就有一个主帅）；车左，负责远距离攻击，主要是射箭；车右，负责近距离攻击，遇到车轮陷进泥巴等情况，还要下去推车；中间的一般是司机，但在有主帅的战车上，司机可能就在左边开车。车下还要跟一队步兵，这个数量就不等了，有说只有25名步兵，有说有72名步兵，可能时代不同，人数有区别。

有多少战车，就说明这个国家能出多少可以打仗的壮丁。所以，衡量一个国家到底强不强，就是用战车的数量来表现的，所谓"千乘之国""万乘之国"，就是这个意思。

该不该做官?

我是子夏,又是照常营业的一天。

自打从齐国不得志地回来后,我老师更加专注教育事业,一不小心就成了明星教育家,不少后来很出名的师兄弟,都是这一时期追星投入我老师门下的。

不过,虽然坚定了职场规划,但鲁国的政局变动,还是让我老师陷入了严重的中年焦虑。鲁国现在是什么情况呢?

以前,鲁国是鲁桓公三个儿子的后代家族"三桓"掌控国政,前面说到的鲁昭公被赶出去,就是三桓里的老大季孙氏干的。但是,三桓的家长精力和业务能力也有限,他们日常处理的都是国际外交事务,内政和杂务基本都交给了手下人去打理。

这一放权，就像国君信任卿大夫，最后国政大权全部被三桓这样的卿大夫掌握一样，很快，鲁国就迎来了权力的再下放，被三桓的管家所窃取。用我老师的话总结，这就叫"陪臣执国命"的时代。"陪臣"这个称呼是针对一国之君来说的，对国家领导人来说，卿大夫的管家是自己臣子的臣子，所以叫陪臣。

鲁国这位"执国政"的陪臣是季孙氏的管家，他是个成功的打工人，叫阳虎。在季孙氏家工作了多年后，他逐渐成了季孙氏家说一不二的人物。恰好遇到季孙氏家的家长季平子去世，阳虎就趁机架空了季孙氏家族。而当时，三桓家族都是青黄不接的时候，叔孙氏家的叔孙成子也去世了，只有跟我老师学习过的孟懿子（孟孙何忌）年纪最大，可他也才26岁，完全玩不过职场老手阳虎。

那么，阳虎专权了，我老师为啥要焦虑？说起来也奇怪，我老师和阳虎真有渊源，他们长得很像，当年我老师想以贵族身份参加季孙氏家召开的人才交流大会，还被阳虎拦在了门外，两人算是有过节的。不过，现在阳虎掌权后，态度也变了，他想请我老师出来做官。一是因为我老师的政治主张和他有点交叉——削弱三桓；二是因为我老师现在名气很大，手下的学生大多也很有本事，这是一个很有利用价值的群体。

我老师虽然想要"学而优则仕"，通过做官来实施自己的主张，可当机会真的来了，还是让他很犹豫。

因为，我老师和阳虎不是一类人。他想削弱三桓，目的是加强国君的权威，但阳虎削弱三桓的最终目的，是让自己成为三桓。换句话说，我老师看不惯三桓，是因为三桓不守规则；阳虎看不惯他们，是嫉妒自己没有他们的资本。所以，当阳虎召见我老师，希望我老师能出来帮他时，我老师可算是遇到了成年人最难的选择题了。

该不该做"阳虎时代"的官呢？不做吧，会很遗憾失去这个机会；做吧，万一将来阳虎失败，三桓重新掌权，自己会不会也被一

起清算？考虑清楚后，我老师还是决定不搭理阳虎。可阳虎不放弃，直接派人登门给我老师送了一头小猪，这……按当时的规矩，我老师就得去阳虎家感谢他了，那就不可避免要交谈一次。

怎样才能避免这次尴尬的碰面呢？

我老师发出了场外求助，有师兄弟灵光一现，出了个主意，让老师打听到阳虎不在家的时候去回访，这样两人就能完美错过了。

妙啊！老师当即采用了这个办法，可阳虎好像摸透了我们的操作，直接给我老师来了个意外又"惊喜"的街头偶遇。当两辆马车在大街上相遇，没办法，我老师也只能硬着头皮继续朝前走。阳虎还是有些趾高气扬，不客气地传唤我老师："你过来，我有话跟你说。"

老师默默地迎了过去，心想：只要我不尴尬，尴尬的就是别人。阳虎在大街上了数落了我老师一顿，说他不聪明也不仁，末了又叮嘱："时光不等人，趁着能做事赶紧来。"我老师只能口头上先答应下来。

不过，整个阳虎执政的时期，我老师都没有出来谋一官半职。

其实，我老师是个无所谓在哪里做官的人。他曾说，如果蛮夷那里出现了有能力的领导，他也可以过去给他打工，一起创造美好时代。那他为什么不肯跟着阳虎干呢？这是因为我老师预测过，像阳虎这样的窃权者是长久不了的，所谓干革命要跟对人，可不能把自己给折进去了。他虽然很想实现自己的抱负，但同时，他也一直强调我们应该"危邦不入，乱邦不居"，保护好自己，也是留存实力为将来做贡献。这，也是我老师的政治哲学。

子夏课堂札记

子曰:"道不同,不相为谋。"

——《论语·卫灵公篇》

释 孔子说:"志向不同的人,就不能在一起谋划。"

    阳虎想请老师做官,经常派人去找我老师,但老师并不想搭理,躲来躲去,最终还是没能逃过一次尴尬的会面。好在,阳虎很快就失败了,老师不用为难了。

    可没过多久,阳虎的小伙伴、在费邑当总管的公山不狃(niǔ)也想请我老师去合作。他的目标更远大:反攻鲁国,杀三桓,赶走国君,自己单干。老师一听,吓得不轻,心想:这种事弄不好就是"棺材一抬,人生白来"了。

    再者,老师对杀三桓这种行为也不同意,他和公山不狃实在算不上一条道上的,两人想法不一样,志向也不同,根本没法做同

事。所以，老师就给公山不狃回了一封信，说了七个字："道不同，不相为谋。"这封拒绝的信，后来也成为很多人拒绝跟别人合作时的必用台词。

小小百科

在没有微信扫一扫的年代，古人是怎么交朋友的？

春秋时期，如果一个人想认识另一个人，就必须去他家拜见，可拜见也不是件容易的事。

首先，你不能贸然前去拜见，万一对方不想见你，或时间不凑巧，就会出现大型社交尴尬场面。所以一定要请一个双方都认识的人做中间人，就像你不知道某人的QQ或微信，可以请认识的朋友代为转达想结交的意思，对方同意后，才能把他的名片推给你。

其次，经过中间人撮合后，你也不能空手去拜见别人，得带一样礼物——野鸡。（阳虎想见孔子，也给他送了礼物，但为了表示重视，他送的是更贵重的小猪。）你带好礼物，到达主人家门口，还要非常自谦地说："我一直想来拜见您，可是没人传达。现在经过介绍人，我终于得到您的同意，可以来拜访您了。"

主人此时也要客套一番，说不敢让对方先来拜见自己，请客人先回家，等自己携带礼物上门拜访。双方就谁先带礼物拜访争论几个回合后，终于可以让客人进屋了。进屋以后，对收不收野鸡，双方再推辞几个回合，然后收下。所谓"来而不往非礼也"，第二天，主人必须也带着野鸡，去回访昨天的客人。两人再你推我辞几个回合，然后迎进门，这才算是完整的"我已经通过你的好友申请，现在我们可以聊天了"。

终于做大官了

大家好，我是子夏。好不容易，今天终于迎来了我老师的巅峰时刻，他做上大官了！事情还得从他拒绝阳虎的邀请说起。

上面我们刚刚说过的阳虎，在鲁国没威风多久，就在与三桓的斗争中失败了，而他留在国内的同事公山不狃还没放弃，也向我老师发出了共事的邀约。我老师当时已经过了知天命之年，心里又开始有点儿焦虑和不服，难道自己这一辈子就只能当个教师吗？没成想，公山不狃的这个橄榄枝，竟然无意间成全我老师真正地进入仕途。

阳虎的"叛乱"给三桓造成了严重危机，公山不狃继续据守季孙氏的大本营作乱，也让三桓坐立不安。此时，他们需要一个强有力的人出来教导大家遵守君臣父子的秩序。在鲁国,这个最佳人选不就是我老师吗?同时,我老师本身的影响力也引起了三桓的重视。如果再不出手招揽,哪天他真的投奔了公山不狃,问题可能就更严重了。于是,在我老师51岁这年,三桓终于以鲁定公的名义,去请我老师隆重出山了。

这次,言也顺,名也正,我老师终于不用拒绝了。

三桓安排给我老师的第一份官职是中都宰,也就是中都的长官。一年过渡完毕后,他就被提拔为管理司法的大司寇,主管刑狱,相当于现在的司法部长。这个官职在鲁国仅仅比三桓低了一阶,本来由鲁国世代贵族臧孙氏家族担任。可是,上次鲁昭公跟三桓对着

干的时候，臧孙家站错队跟了鲁昭公，所以他们也被迫流亡，这就给我老师腾出了位子。

当上大司寇以后，我老师也不忘初心。首先，他为死在外面的鲁昭公做了最后一件事：让他进入了鲁国历代国君的陵园。当初，鲁昭公客死他乡，虽然被运回鲁国安葬，但季孙氏并没有把他葬在鲁国国君该埋的范围内，而是故意埋远了点儿。我老师上任后，就在鲁昭公坟外挖了条沟，意思是把陵园范围加大，把鲁昭公也给框进去了。

接着，他把跟随自己多年的弟子全部用了起来，一来算回报他们，让他们人尽其能，施展自己的抱负；二来，我老师做官以后，也需要跟自己一个主张以及自己信任的人来当助手。别小看这个举动，这也是三桓对我老师的诚意。鲁国是顽固的守旧派，只有贵族才有学习和做官的资格，而我的师兄弟们好多都是平头百姓，他们的命运，本来是从出生就望得到头的。所以，这种破格用人对鲁国来说，差不多是惊天大改革了。

有了官位和团队，接下来，我老师的事业之路就高歌猛进了。

鉴于当时的国际形势，我老师决定要改变鲁国的外交策略。以前，因为弱小，鲁国只能跟着大哥晋国干，可晋国如今的形势也差不多是"不做大哥好多年"，完全靠不住。而隔壁齐国想跟晋国叫板，就总要来戳一戳晋国的跟班鲁国，鲁国可算过够苦日子了。我老师制订的新方案，就是交好老邻居齐国。

在和齐国拉手的过程中，我老师顺手就搞了个大动作——在夹谷会盟中要回了鲁国的汶上三城。这无疑是我老师人生中最高光的时刻。

我记得兵圣孙子说过，最厉害的战法，莫过于不战而屈人之兵。我老师不费一兵一卒，就要回了国家之前被占领的领土，让鲁定公都忍不住直呼：高人竟在我身边。

当然，因为是大司寇，我老师的本职工作还是给打官司的人断案。所以，后代什么"神探狄仁杰""大宋提刑官"，都还是我老师的后辈呢。我老师办案是很温柔的，他可不像后来那些官，动不动就上夹棍或者打人多少板子，他喜欢给人讲道理，教人遵守礼仪。因为，用刑罚约束别人，只会让人害怕，并不会使人产生廉耻之心。而如果用道德来引导，用礼仪净化他们，他们不但会有廉耻心，内心也会服气。

> 子曰："道之以政，齐之以刑，民免而无耻。道之以德，齐之以礼，有耻且格。"
> ——《论语·为政篇》

另外，我老师办案有一个大理想，也算是他工作的小目标：再也没有人来叫冤。让我们为这个崇高的理想鼓掌！

子夏课堂札记

子贡问友，子曰："忠告而善道之，不可则止，毋自辱焉。"
——《论语·颜渊篇》

释　子贡问孔子该如何对待朋友。孔子回答说："忠心地劝告他，好好地引导他。如果他不听就算了，不要自找没趣。"

　　子贡师兄朋友多、人缘好，相识满天下。他口才好，喜欢给人讲道理，但有时候就显得有点儿强势了。如果朋友有错，他一定会去指点一下。他觉得这样才是对朋友认真负责，可有时也不免在不经意间得罪一些肚量小的朋友。子贡师兄为此很困惑，就去请教老师："如果我发现好朋友犯了错，我要怎么办呢？"

老师回答说:"如果你的好朋友犯了错、走错了路,你要忠告他,好好地去引导他。假如你说了该说的、做了该做的,还是劝不住,那就别劝了。这就是分寸,是尺度。道理都已经讲明白了,别人坚持不听,你继续说就会自讨没趣,甚至自取其辱,最后连朋友都没法做了。"

小小百科 "寿终正寝"的正寝是哪里?

鲁昭公死在了晋国的乾侯,孔子作《春秋》的时候特地写明了他的死亡地,这是因为鲁昭公不该死在那个地方。

正常情况下,他应该死在哪里呢?该在鲁国肯定没错,但在鲁国的什么地方才能算圆满呢?就是"寿终正寝"。

那么,"正寝"是什么?很多人对"正寝"存在误解,以为它就是日常睡觉的地方,其实并非如此。正寝这个称呼,是因为古代天子有"六寝",其中小寝就占了五个,五个小寝都是睡觉的地方,按东西南北中方向排列。鲁僖公就是死在小寝的,证明他死之前已经在休息室躺着了。正寝只有一个,也叫"路寝",这是办公的地方。换句话说,死在正寝,并非"死得安详,走得幸福"的意思,它夸赞的是这位领导人是个勤勉不辍的明君,死之前都还在处理公务。

鲁国十二位国君有谁是真正"寿终正寝"的吗?鲁庄公、鲁宣公、鲁成公祖孙几人都是。可见,鲁国还是有不少勤于政事的国家领导人的!

强拆计划的失败

当当当,子夏今日营业开始。前面说到我老师做了大官,很快,他就要着手往自己的理想狂奔了。

小学生都知道,我老师一辈子都有一个理想,那就是恢复"周礼"。这个"礼",可不只是狭义的礼仪和礼貌,而是一套政治秩序。什么样的秩序呢?

在我老师生活的年代,他能看到和借鉴的接近完善的一套秩序,就是周初的周公设置的那套方案。周朝是宗法社会,宗就是同一个宗族的亲人们,换句话说,也叫"熟人社会"。你看,天子分封诸侯,诸侯分封大夫,大夫下辖士,这是一套环环相扣的一级分管一级的办法。而他们每一个人,都有亲戚关系。只要是亲戚,不外乎就是君臣、父子、兄弟的关系。所以，周公设计这套模板的理想是：上面的人做好自己的工作，下面的人不越级搞事情，爸爸当好爸爸，孩子当孝顺孩子，亲戚互相给面子，这套秩序就会很和谐。

可现在，各国的情况都是，蛋糕还是一样在分，但秩序却乱了。在上的人不能好好工作，在下的都想站 C 位；爸爸防范儿子，儿子夺权杀父，亲戚们互相打架……道德沦丧，社会失序，老百姓也越过越艰难。不是一级管一级，而是下级吃上级了。

鲁国就是个典型，国君看不起最高的周天子，卿大夫瞧不上国君，卿大夫的家臣也觉得当权者都是脑满肠肥的"肉食者"，事情都是自己办的，于是也蠢蠢欲动。

表面上看，现在家臣是最牛的，但他们攫取的其实是卿大夫的权力，而卿大夫的权力又窃取自国君。所以，我老师想恢复和谐社会，就得找准病根，削弱卿大夫的力量，巩固国君的权力。等国君能把自己丢失的权力找回来，再引导他们尊敬天子，拥护周朝这个中央。

也就是说，我老师实施政治理想的第一步，就是和三桓开干。

啥，我老师能做官，不是三桓给的机会吗？他这么做，算不算忘恩负义？

在大是大非面前，这种小节是不需要拘泥的。何况，在我老师眼里，三桓的权力本来就是偷来的，也不需要遵守他们的道义。有一次，季孙氏家的人找了八列六十四人在自家跳舞，这可把我老师气晕了。八八六十四，这本来是天子的规格，诸侯都只能有六列人，等于说，季孙氏一连越了两级，他不仅瞧不起国君，连天子都不放在眼里了。我老师当时就说，季孙氏连用天子八列人的排场跳舞**这种事都忍心做，将来还有什么事做不出来呢？**于是更加坚定了要把他们打压下去的决心。

> 孔子谓季氏："八佾(yì)舞于庭，是可忍也，孰不可忍也？"
> ——《论语·八佾篇》

想明白这一点，我老师去找了鲁定公，开口就说要削弱三桓，第一步先把他们铁桶一样的大本营费邑（封地）给踹翻。鲁定公大惊失色："当初那么多贵族联手都没搞定三桓，现在你孔丘单枪匹马，太不自量力了吧，这不是成心让我变成鲁昭公2号吗？"

我老师胸有成竹："放心，我的办法很完美。而且，三桓还会觉得我在帮他们。"

"那，这是个'把别人卖了，别人还帮你数钱'的主意？"我

老师微笑地点点头。鲁定公心想：当个傀儡不如放手一搏，就半信半疑地点了点头。

我老师要干啥？隳（huī）三都。三都就是三桓的封地，季孙氏的费邑、孟孙氏的郕邑、叔孙氏的郈邑。他要把这三座城市坚固的城防给拆了。这一年我老师54岁。

这三桓能同意？他们是智商不在线吗？

不得不说，我老师的政治智慧是相当高的。他敏锐地察觉了对付三桓的时机——季孙氏的费邑，虽说名义上是季孙氏家的，可也完全被他们派去管理的家臣给把持了，前面有南蒯（季孙氏家臣，帮季孙氏把守费邑，后反叛季孙氏失败，逃到了齐国），现在又正被公山不狃占着造反，好像根本不属于季孙氏。叔孙氏的郈邑，也被当地长官侯犯掌控，而侯犯的偶像是阳虎，也根本不把叔孙氏放在眼里，一直想搞事情呢。所以，当我老师提出要以国君的名义帮他们对付那些据城造反的不法分子时，这两个家族都开心地同意了。

至于孟孙氏嘛，孟孙氏没有家臣反叛，但他们这会儿的族长是孟懿子，也就是曾聆听过我老师教诲的孟孙何忌，虽然他总觉得这招有点儿怪怪的，但既然另外两家都同意了，他没理由反对老师呀。

于是，"隳三都"事业进展得很顺利。当然，这一切也是因为我老师用人得当。拆郈邑时，是师兄壤驷赤在里面做内应，把侯犯忽悠了；拆费邑的时候，则是子路师兄主持的。

正当大家准备接收胜利果实时，出问题了，孟孙氏的家臣坚决反对，说他们的郕城不能拆。他还找了个很恰当的理由——那里靠近齐国，城池坚固可以防范齐国入侵。

就这样，因为孟孙氏的反对，隳三都事业以失败告终。没多久，三桓意识到我老师完全是在针对他们，开始着手以冷暴力的方式解聘我老师。但这会儿，我老师还没有意识到危机的存在呢。

子夏课堂札记

子谓颜渊曰:"用之则行,舍之则藏,惟我与尔有是夫!"子路曰:"子行三军,则谁与?"子曰:"暴虎冯河,死而无悔者,吾不与也。必也临事而惧,好谋而成者也。"

——《论语·述而篇》

释 孔子对颜回说:"被任用了就积极行动,没人用就藏起来安心地过日子,这一点,大概只有我和你能做到。"子路说:"老师,您如果要带兵打仗,您带谁?"孔子说:"赤手空拳就敢和老虎搏斗,徒步也敢蹚宽大的河,即使死了都不后悔,这样的人,我是不会跟他一块共事的!我要的人,是遇到事情能小心谨慎,善于谋划而且能成功的人。"

子路是个急性子,脾气也不太好,做事比较冲动。老师很想帮他改正,找着机会就总想敲打敲打他。当然,老师也是个喜欢开玩笑的老爷子。

有一天，课后闲谈的时候，老师找最喜欢的弟子颜回说话，并表达了对颜回的无限欣赏："如果有人任用，就积极努力地行动；如果不被任用，就藏起来玩自己的。这一点，大概只有我跟你能做到。"

子路对老师专宠颜回师弟有点儿嫉妒，余光看到他俩又在对话，正侧耳倾听呢，听到这里忍不住插话了，想让老师也看到自己的能力："如果让您率领三军，您选择跟谁一起？"

老师斜瞄了子路一眼，偷笑钓鱼成功，赶紧趁机让子路认识自己的缺点："赤手空拳就敢和老虎搏斗，徒步也敢蹚宽大的河，即使死了都不后悔，这样的人，我是不会跟他一块共事的！我要的同事，一定是遇到事情会小心谨慎，又擅长谋划，而且能顺利完成任务的人。"子路唰地满脸通红，被怼得哑口无言，心想：老师不愧是老师啊！骂人之间，还发明了一个成语——暴虎冯河。

小小百科

城邑是怎么来的？首都为什么叫"都"而不叫"城"？

城邑，是古代城市的统称。

"邑"字出现得早，在商朝时就代表城市的意思。到春秋时期，繁华一点儿的地方也都叫邑。都和邑的区别是，如果一座城市里有这个国家的宗庙或先君的神主在，这个地方就得叫"都"，没有的才叫"邑"。一般有神庙和先君牌位在的地方，都是这个国家主要的城市，比邑的地位要高，而且地盘也大很多。

根据先秦的规则，只有大的和重要的地方才配称"都"，所以，后人也延续了这个说法，国家的首府叫"首都"，如果设置两个都城，另一个就叫"陪都"，比如唐朝，长安是首都，洛阳就是陪都。

为什么流浪?

尽管"隳三都"失败,三桓也意识到我老师不是个听话的人,但两年后,我老师在56岁那年还是走上了人生巅峰,当了鲁国的代理丞相,相当于现在国务院代总理的职位。

升职加薪后,我老师不再继续执着于"隳三都"的事,反正最大的隐患季孙氏家的费邑已经拆了,叔孙氏家的郈邑也拆了。只有孟孙氏一族,发过兵了,实在是没打下来,只好双方各退一步算了。

所谓"在其位,谋其政",当了代理丞相,我老师开始着手改善民风民俗问题。经过他一段时间的治理,鲁国的风气果然要淳朴多了,商人做买卖不敢漫天要价,主修诚信了;路上掉的东西不会有人乱捡,真正实现了"路不拾遗"的高尚风气。政治环境也纯净了很多，外国人来鲁国出差，接待办的人做事效率提高了，不再需要到处贿赂才能找到办事的人。老师之所以能取得这样的成绩，除了前面说过的"道之以政"外，他还和师兄们说过："**我处理案件，和别人没有什么不同，主要目的是让百姓不再发生争执。**"

> 子曰："听讼，吾犹人也。必也使无讼乎。"
> ——《论语·颜渊篇》

鲁国一变好，齐国就很慌。因为，作为霸主的重要原则，就是时刻提高警惕，不能让邻居和其他人超越了自己。更关键的是，齐国这一届当权者都是待机时间超长的人，他们都和我老师打过交道，对他有所了解。当政的齐景公和晏子就不用说了，他俩曾亲自和我老师聊过天，知道他的政治理想。而另一些齐国贵族在"夹谷会盟"的时候也见识了我老师的手段。如果鲁国真的在改革，三年超齐，五年超晋，说不定也不仅仅只是口号。

对此，齐国高层决定，要把一切危险提前扼杀在摇篮里。他们想了一个损招——给鲁国人送美女，麻痹他们，让他们没心思干正事。齐国美女不像鲁国美女保守，她们能歌善舞，性格开朗，落落大方，很讨人喜欢。所以，季桓子赶紧接受了这套重礼，回家天天开大型歌舞会，享受去了。

我老师所有想实行的主张，没有季孙氏和三桓的另外两家点头，鲁定公一个人根本没权力拍板。就这样，我老师慢慢被闲置了起来。

齐国的这招能奏效，其实问题也不只是三桓没见过世面，得到美女就放纵，主要是，他们对我老师早就有意见了。前面"堕三都"的事，他们回过神来明白是被我老师忽悠了，心里记恨着呢。只是那时候的政治斗争没那么血腥，大家都是贵族，往上数数都是亲戚或一家人，没必要那么狠辣。所以，想斗垮一个人，都是采取温吞吞的方式，让对方意识到被冷处理了，然后知耻地主动退出。对于远走他国的人，大家也不会跨国追究。

我老师当然觉察到了三桓的心思，只是他还抱有一点儿希望，希望大家还可以一起愉快地玩耍。毕竟，"堕三都"最后不也没继续下去吗？大家互相退一步，照样相安无事呀。

所以，当在季孙氏家里当大管家的子路师兄来和老师通风报信，表示鲁国的政治动向已经很明确，我们可以"世界那么大，一起去看看"的时候,老师还有点儿恋恋不舍,想再等等看。

老师说,鲁国马上就要冬祭了,按规矩,祭祀以后要给大家分腊肉,如果分给我了,就证明他们不想赶我们走。

转眼间冬祭完毕,季桓子没现身,祭肉也没分到,我老师一无所获。当天夜里,我老师就失望地收拾东西离开了故国。这一走,就开启了他长达十几年的流浪。

为什么流浪?

子夏课堂札记

宪问耻,子曰:"邦有道,谷;邦无道,谷,耻也。"

——《论语·宪问篇》

子曰:"君子耻其言而过其行。"

——《论语·宪问篇》

老师教育学生说,做官教化百姓,就是要让人到达知廉耻的地步。原宪和子路听说了,展开了讨论,哪些行为算是无耻的呢?两人七嘴八舌,没讲出个所以然,决定一起去问老师。

原宪先开口,问什么样是可耻的。

老师捋了捋胡须,说:"国家太平,你做官拿着高工资,这没问题;但是如果国家很黑暗,你还做官拿高工资,那就是可耻的。"

子路觉得这不是讲自己,又问一遍,就个人素质来说,什么样的行为可耻呢?

老师的大脑是高配处理器，想到子路莽撞咋呼的性格，针对性地张口就来："一个人总喜欢言过其行，事情还没办，就先把话撂下了，这就蛮可耻的，君子就不会这样做。"

同一个问题，不同的回答。这就是老师的"因材施教"。

小小百科　为什么秦始皇其实不该叫"嬴政"？

先秦时期，古人的姓氏是两个系统，姓在一般情况下是固定不变的，氏则可以根据官职、封地、居住地、祖先的字不断更换。比如，晋国的荀林父，被任命为中行将军，之后就变成了中行氏。鲁国的著名贤人柳下惠，本来是展氏，因为住在柳下，就以柳下为氏了，他本人其实姓姬。

在宗法社会，得到一个氏，相当于成为开宗鼻祖，创造一个新的家族，这是很荣耀的事。所以每当获封一个新的地盘，他们就会更换一个称呼，冠上新氏。

正因为男人得氏是光荣，所以那会儿的规矩就是"男子称氏，女子称姓"。我们看到的先秦人名，男性前面的都是氏，比如孔丘，是孔氏而不是孔姓。孔子先祖是宋国人，子才是他的姓。再比如，有人嗤笑周文王之子周公，说他叫"姬旦"，其实周公封地在周，正常的称呼应该是周公旦，或周旦。他又被封在鲁，也可以叫"鲁旦"。至于秦始皇，他姓嬴不假，但当时他应该叫秦政或赵政，秦是他祖先得封的地方，赵是更远的祖先得封的地方。嬴政，只是我们现在把"姓名"组合在一起的称呼，当时这么喊，是给秦始皇变姓了呢。

秦汉开始，中国不再实行分封制，没有了得氏的理由，姓氏逐渐混淆相融，先秦所有的氏都转变成了姓。而人们的称呼也就变成了"姓＋名"的模式啦。

你在他乡还好吗？

主动辞职后，我老师真有"世界那么大，我想去看看"的打算。他想到了齐国。齐鲁是友好邻邦，当年就打过交道，而且靠得近，出国一趟也方便。最主要的是，当初阻拦他在齐国做官的国相晏子这时已经谢幕了。所以，他想去齐国碰碰运气。

齐景公高规格地接待了我老师，但还是没准备给他大官做。因为，齐鲁的政治环境差不多，都是贵族卿大夫们共同管事，国君当甩手掌柜，只不过齐景公比鲁国国君稍微有权力一点儿。但如果我老师在齐国还想搞削弱贵族、提高国君声威的那一套，齐国贵族肯定不乐意，而齐景公也没法为我老师在各大贵族之间周旋，他并不想打破现在得之不易的平衡。

发现在齐国还是没法发展，我老师决定再去旁边的老兄弟卫国看看。

三桓的季桓子听说我老师要离开齐国，也比较关注他的动向，防止他与境外的鲁国反三桓势力合流。季桓子派了一个叫师己的音乐家去送他，师己见面就夸我老师："夫子你做的事情没有错！"

听到这话，我老师的心情好了很多，马上就要献歌一曲。于是，师己演奏，我老师唱歌，两人好好地畅聚了一晚。师己回去告诉季桓子，我老师要去的是卫国，并不是去跟阳虎、公山不狃之类的人联合。季桓子这才放了心。

老师去卫国时，不少师兄弟都跟在身边。其中，冉有师兄给老

师驾车。一跨进卫国境内,大家就觉得很新鲜,毕竟这是从山东到河南了。卫国大街上溜达的人络绎不绝,我老师不禁感叹:"好多人啊。"

好学的冉有师兄抓住机会就请教:"人口已经很多了,那接下来怎么办呢?"

老师不愧是老师,回答简洁明了,但却一语中的:"富之。"意思是先致富。

冉有师兄打破砂锅问到底:"有钱了,然后怎么办呢?"

老师说:"然后教化他们呀。"

> 子适卫,冉有仆,子曰:"庶矣哉!"冉有曰:"既庶矣,又何加焉?"曰:"富之。"曰:"既富矣,又何加焉?"曰:"教之。"
>
> ——《论语·子路篇》
>
> **释** 孔子到来卫国,冉有给他驾车,孔子说:"人好多啊!"冉有问:"人口这么多应该怎么治理呢?"孔子说:"让他们富裕起来。"冉有问:"有钱了,然后怎么做呢?"孔子说:"再教化他们。"

瞧瞧,在我老师治国的步骤里,人民要先解决温饱,先变成有钱人,然后才能进行礼仪的教化。因为如果对一群饭都吃不饱的人说做人要懂礼,人家一定对你口吐芬芳:"滚!"

到卫国后,我老师去投奔了子路师兄妻子的哥哥颜浊邹。

卫国的卫灵公虽然不怎么会管事,但他总想招揽有才华的人在身边。听说鲁国退休的"网红政治家"来了,卫灵公赶紧召我老师进宫私聊。两人坐在铺满筵席的大殿上,卫灵公倒是很有诚意,上来就问鲁国给我老师什么待遇,然后给了同等待遇。

正当我老师以为未来又很有希望的时候,出问题了。

比起鲁国,卫国可能还要更乱一点儿。卫灵公的太子蒯聩(kuì)看不惯后妈南子,想伺机干掉她。正当他们剑拔弩张的时候,我老师来了。卫国的太子和南子夫人都很紧张。毕竟,我们这一群人实在是太多了,又来自境外。不知道谁在卫灵公面前乱说是非,所以,卫灵公就开始怀疑我们的背景,甚至暗地里还派人盯梢我老师。

在被查了多次之后,为了不卷入卫国的政治乱局,一向讲究"危邦不入,乱邦不居"的我老师,决定还是先溜为敬。下一站目标——陈国。

子夏课堂札记

子曰:"巧言令色,鲜矣仁!"

——《论语·学而篇》

释 孔子说:"花言巧语,油嘴滑舌,装作很和善的样子,这种人很少是仁德的。"

我们与老师在周游列国的途中,有一次,看见一个商人正对一个人兜售自己的产品。

"客官,美玉要不?看您风度翩翩、气质高贵,肯定不是一般人,我这儿有块玉,绝对符合您尊贵的身份。"

"多少钱?"

"1500枚骨贝(春秋时期的货币)。"

"好家伙，这么贵！"

"哎哟，这可不像您这身份说的话呢。这块玉那么契合您的身份，为您服务也是我的荣幸。要么我吃点儿亏，咱们交个朋友，就收您1200枚骨贝吧，您看怎么样？"

那位客官被说得扬扬得意，掏钱买下了那块玉。

目睹这一幕，老师摇了摇头，一边走一边又出名言了："花言巧语，油嘴滑舌，装作很和善的样子，这种人很少是有'仁德'的。"

子贡师兄是个见多识广的生意精，他也叹了口气："这人做生意没诚信，只能是一锤子买卖，长久不了的。那玉一看就是假的，那个客官被骗喽。"

小小百科　　古人为什么用席子作为丈量工具？

中国古人从先秦一直到隋唐时期，室内的起居方式，基本都是"席地而坐"。这个"席"，是真的有席子铺在地上的。席又分为筵和席两种。筵就是大席子，铺陈在靠近地面的一层，就像今天的地毯。席是铺在筵上面的，大的用来睡觉，小的用来日常跪坐。一般来说，筵是铺满整个室内的，所以《考工记》里还把筵作为计量单位。

《考工记》里记载："周人明堂，度九尺之筵，东西九筵，南北九筵，堂崇一筵，五室凡二筵。"因为室内都要铺筵席，所以干脆拿筵当作丈量的单位。他们的明堂，就用9尺长的筵来作为度量。周代一尺约等于23.1厘米，"堂崇一筵"，一筵9尺，也就是说，只有207.9厘米高，个子稍高的人站在里面都显得逼仄。明堂还是最隆重的祭祀场地，而一般人家的室内可能还没那么高，所以，那会儿只适合席地而坐。

小场面，别慌

大家好，好久没自我介绍，还是我——传承我老师衣钵的子夏。

在卫国"受了点儿伤"以后，我老师决定再次出走他乡，世界那么大，他不仅想看看，还想转转。

值得一提的是，现在，我是历史的参与者了。离开卫国以后，我也一直跟随在老师身边，陪着他颠沛流离。

从卫国去陈国，就是从帝丘到宛丘，路途倒是不远，也就是从现在的河南濮阳县到周口市淮阳区，约260千米的路程。我们这一行人有的有车，有的没有车，人一多，行程也就会大大地拖延，因为总有喝水的、上厕所的，以及各种原因掉队的，大家一等一启程，时间就浪费了。所以，如果按脚程算，大概要走一个星期。

谁知道，这次不长不短的跋涉刚开启，又出问题了。

从卫国去陈国，中间要经过郑国，颜刻师兄在驾车。大家走到郑国一个叫匡城的地方，突然飞来一波横祸。当年，阳虎主持鲁国大政的时候，为了和晋国搞好关系，曾替晋国出头教训过在楚国和晋国之间摇摆的墙头草——郑国，主攻的就是匡城。为了让郑国人吃点儿苦，阳虎在匡地大搞破坏，搞得匡人对他恨之入骨。

巧的是，颜刻当年曾跟随阳虎一起打过匡地。此刻，他并不知道危机来临，一边赶车一边还兴奋地回头向老师回顾光辉岁月："看城墙上那个缺口，当年我们就是从这里攻进城里的。"

这一嗓子喊出去，路边的匡人心里一阵紧张，再仔细往车驾上一看：呀，这不是阳虎卷土重来了吗？

因为我老师和阳虎长得很像，匡人以为是阳虎又来攻打他们了，吓得立马拉响警报，全员集结要来围攻我们。

无论大家怎么解释，说我老师不是阳虎，可匡人就是不信。常年当"汉堡包"被晋楚夹击的郑国人，危机意识特别强烈，再加上他们没见过我老师和阳虎同框，更没机会仔细辨别两人的长相。他们听到颜刻那一顿炫耀，认定了这是敌人来袭，顿时把我们围得水泄不通，整整五天都不肯放行。

我老师对这倒不是那么忧心。他更忧心的，是颜回同学走丢了。因为我们队伍庞大，并不是所有人都走在一起，有时候也会分出取水、换粮食的小分队单独行动。颜回没跟上大部队，里面又被围着不通消息，老师心急如焚。颜回在我老师眼里是最乖巧的弟子，也一直被他当作儿子对待。如果他遭遇不幸，那可真要了我老师半条命。好在五天以后，颜回终于回来了，老师眼泪汪汪，又忍不住开玩笑："颜回呀，我还以为你死了呢！"

谁知道，颜回平时看着挺老实，竟然也回了句玩笑话："老师都没死，我怎么敢死呢！"可惜的是，这一点后来颜回同学并没有做到。

> 子畏于匡，颜渊后。子曰："吾以女为死矣！"曰："子在，回何敢死！"
> ——《论语·先进篇》
>
> **释** 孔子被困在匡地，颜回被冲散后终于赶了回来。孔子说："我还以为你死了呢！"颜回回答说："老师还在，我怎么敢死呢！"

颜回同学虽然回归了，我们被围困的严峻形势并没有得到缓解，同学们还是很着急。很多人都是第一次遭遇这种危机，心里很慌，都来到老师面前吵闹。说起来，老师就是老师，他轻描淡写地说了一句:"周文王死了以后,周礼都在我们鲁国。如果上天要让这些礼乐制度毁灭,就不会传到我们这里了。既然我们已经承担了传承它的重任,上天就会保佑我们,匡人能把我们怎么样?"

安慰完大家,老师派人出去和匡人交涉,说可以请到证人证明我老师不是阳虎。匡人这才让出一条道,让某位同学去卫国请上卿宁武子来解围。宁武子不仅派人作证,还带来了卫灵公的歉意,希望我老师再回卫国去。

这次事件在历史上被总结为"子畏于匡",但也可以看出我老师的处变不惊。处理危机的经验老到,大概只有经历了风霜的人才能做到。

经过这次险情,大家对继续去陈国的未知路途有些担心,但立刻折回卫国又好像很没面子。为了避免老师尴尬,我们只好在卫国一个叫蒲城的地方周旋了一个月。最后,老师终于决定还是回卫国去。兜兜转转一圈,卫国——我们又来了!

子夏课堂札记

子曰:"知之者不如好之者,好之者不如乐之者。"

——《论语·雍也篇》

释 孔子说:"知道学习的人比不上爱好学习的人;爱好学习的人比不上以学习为乐趣的人。"

在一帮弟子中,老师最喜欢的就是颜回,因为颜回对于学习的态度和他是差不多的。我老师自己毫不脸红地说过一句话:即使只有十户人家的地方,一定有像我孔丘这么忠信的人,但他们肯定没有我这么好学。

老师希望弟子们不只是好学,还要把学习当作乐趣。好在弟子们大多都很乖巧,只有几个让老师操心的,比如子路。有一次,老

师把子路叫到一边，问他："知道六种品德和六种弊端吗？"

子路哪知道老师要讲什么，马上做出洗耳恭听、求知若渴的样子。老师很满足："坐过来，我来告诉你。"

然后，老师开始滔滔不绝："一个爱好仁德的人，可以说有品德吧？但如果他不爱学习，那他就会变得很愚蠢；一个爱好智慧的人如果不爱学习，他就会放荡不羁；一个讲诚信的人如果不爱学习，他就会容易被人利用；一个直率的人如果不爱学习，他说话就会尖酸刻薄，很讨人厌……"说着说着，老师就拐到了子路身上，"一个好勇的人如果不爱学习，他就会犯上作乱；一个刚强的人如果不爱学习，他就会狂妄自大……"开始，子路听得很认真，心想，好在自己都没有这些缺点，等听到后面，不禁疑惑："嗯？老师是在针对我吗？老师就是在针对我！"最后，子路无奈，被针对完还要鞠躬感谢："谢谢老师，我受教了！"

小小百科　　"做主"是怎么来的？

在先秦时期，诸侯国林立，相互之间经常要出差，各国都设立了公费接待的国宾馆，但私人出差并没有高档的商业酒店。如果官员因为私事出国办事，都要在当地的贵族里找一个"主"，住在他们家，这位"主"也就是朋友和房东的身份。

孔子第一次到卫国，住在子路老婆的哥哥颜浊邹家里，第二次回来，住在卫国贤人蘧（qú）伯玉家里。《史记》记载，"主蘧伯玉家"，也就是蘧伯玉做主的意思。这段时间，孔子的吃吃喝喝都由蘧伯玉包揽。所以，后来"做主"就演绎成了请客吃饭的意思。

历史经典场面：子见南子

大家好，我是子夏，今天为大家带来一则八卦，同时也破解一下传了千年的八卦之谜。

在男女关系上，我老师差不多是个绯闻绝缘体，就连师娘也几乎从不在公众视野出镜，比如老师"曰"了那么多，基本没说过"我老婆如何如何"，让人深挖史料十八尺都难以捞到半点儿新闻。

然而，历史似乎有意让我老师的形象不只是个干瘪单调的道德老头子，于是，他终于还是和一个女人碰撞出来一些小八卦，惹了一身桃色新闻。

这个女人就是卫灵公的夫人南子。

回到卫国后，卫灵公自觉前面有些对不起我老师，对他给予了高度礼遇。我老师觉得，鲁国和卫国那么像，如果能在卫国传播自己的学说也很不错。同时，南子夫人也递来了橄榄枝，说是四方来卫国的宾客如果愿意和卫灵公做兄弟的，她都要见见。

国君夫人召见，我老师有些左右为难。他既想通过南子在卫国做官，又觉得单独会见外国国君的夫人实在是不符合礼。我老师活到近 60 岁，恐怕还没有单独跟一个不熟悉的女人共处一室过，纠结再三，他还是辞谢了。可南子不依不饶，派人送礼。这下，就像那次见阳虎一样，我老师不得不去拜见回礼了。于是，历史的经典场面"子见南子"就这样发生了。

对这件事，曾参师弟记录的《论语》里只言简意赅地写了一句话："子见南子，子路不说，夫子矢之曰：'予所否者，天厌之！天厌之！'"不包括标点，才 23 个字，故事情节缺失，难以获取关键信息，真是故意烧后人的脑壳啊。

> 子见南子，子路不说，夫子矢之曰："予所否者，天厌之！天厌之！"
>
> ——《论语·雍也篇》
>
> **释** 孔子去见南子，子路很不高兴，孔子发誓说："我要是做了什么不对的事，老天都会厌弃我的，老天都会厌弃我的！"

但越是这样模糊不清的记载，越让人脑洞大开，畅想无限。比如，我老师见南子就见了，子路师兄为什么不高兴？老师又为什么急于否认，甚至不惜发毒誓来证明自己？好像颇有点儿此地无银

三百两的味道，到底发生了啥？

在我们之后的司马迁的《史记》中倒是还原了这场见面。南子躲在重重帷幕后面坐等，我老师一贯遵循礼，刚进门就行了稽首礼——跪拜，头叩到地上，南子也回礼答拜，还是没有出帷幕。两人可以说恪守礼仪。不过，因为南子穿着华贵，下拜的时候身上发出一阵环佩叮当的碰撞声，听起来会不会让人心神不定？

这期间，他们聊了什么呢？

其实，大家如果能把关注八卦的心思放在政治上，就能想明白了。

前面说过卫国有内乱，卫国太子蒯聩和南子的矛盾在我老师回到卫国以后爆发了。蒯聩买通了杀手，准备在觐见南子的时候干掉她，说好了"待会儿看我眼色行事"，可杀手临场害怕了，蒯聩眼睛都要眨瞎了，杀手就是不肯动手。最终，南子发现了蒯聩频繁回头的异常，脖子和眼皮也不知道哪个在抽筋，赶紧找借口溜走，找卫灵公告状去了。

卫灵公得知后大怒，蒯聩只好逃亡，成了流浪一族，去了晋国。

卫国的这次宫廷"地震"，看似只是太子和后妈的矛盾，实际上也是老君主和未来君主的战争。南子自然很清楚这点，为了清除蒯聩在卫国的残余势力，或者说为了找到更多的政治同盟，南子必须借助我们这群人。毕竟，我老师当过大司寇，而我们师兄弟都在鲁国政治舞台上活跃过，早就不是没见过世面的乡村学子了。而且，如果她不争取我们，境外的蒯聩万一暗中来联合我们，南子的麻烦就大了。

所以，两人聊了啥，可想而知了吧，南子是在拉拢我老师呀。

至于子路师兄的不高兴，一是因为男女私下见面不符合礼，二则是因为他是一根直肠子，他不希望老师通过南子的门路才能在卫国做官，觉得这不是正常途径。哪有什么八卦呢！

子夏课堂札记

子曰:"道不行,乘桴(fú)浮于海,从我者其由与?"子路闻之喜,子曰:"由也好勇过我,无所取材。"

——《论语·公冶长篇》

释 孔子说:"如果我的主张行不通,我就坐木筏子漂流到海外去,到时候,能跟着我的大概只有仲由(子路)吧?"子路听了很高兴,孔子说:"仲由嘛,除了勇敢胜过我,其他没啥值得称道的了。"

老师的理想一直没有实现的机会,有一次,他看似很失落地说:"唉,如果我的主张行不通,我可能就坐木筏子漂流到海外去,看看那边有没有人要我。到时候,可能只有子路会跟着我吧?"

子路一听很开心,老师原来这么看得起自己,也这么信任自己的忠诚,脸上不禁露出骄傲的小表情。弟子们在一旁也有些不服气,凭什么只有子路师兄会跟去啊?我们对老师的拥护爱戴之情也都不少啊。

正当其他人跃跃欲试要开口时,老师接着说了句:"因为子路

这个人吧，他只有勇武胜过我，其他没啥能干的。"原来老师并不是夸子路师兄忠诚能干，是指望他去给自己当保镖呢。

看起来，老师似乎很喜欢拉踩子路，但就是经过这些精准打击，老师希望子路师兄能认识到，自己的优点很可能也是缺点，作为一个君子，不能只有一个尖锐极端的特点，而应该柔和一点儿，注重全面发展。

小小百科

进门为什么要脱鞋？

有人说，进门脱鞋，那是日本的习俗。其实，这个传统源自中国。前面说过，中国古人有很长一段时间的生活习惯都是"席地而坐"，在铺席子的家里，是不能穿鞋进去的。

这一方面是因为讲卫生。当时的交通工具不是牛就是马，动物并不能控制自己在哪里大小便，所以大街上经常会有马粪和牛粪。那会儿没有水泥马路，遇上下雨，路上就一片泥泞了。所以，进门的时候大家都会把踩了一天路的鞋子脱在门外，光着脚进屋。

另一方面是出于安全考虑。古人的衣服很宽大，靴子长，袜子里也能藏凶器，进门把鞋袜脱了，也是防范不怀好意的人偷袭。卫国的卫出公有一次请身边的臣子们喝酒，其中一个臣子因为脚上生疮，没脱袜子就登上了座席，惹得卫出公大怒。臣子连忙解释，旁边的知情群众也纷纷来解围，可卫出公还是怒气不消。没办法，这位臣子只好跑下坐席退了出去，不光是没喝上这顿酒，还走上了逃亡之路。

所以，后来如果谁拥有"剑履上殿"的待遇——身上佩剑，不脱鞋袜，就表示被无限信任，是无上的光荣，也是成功的标志。

别了又别的卫国

卫国就像是我老师的康桥，他总是一别再别，离开了又回。这里差不多是他的第二个故乡了。

在和南子夫人会见之后，卫灵公夫妇有心向世界官宣一下"大贤人孔子成了我们的人了"这个信息。于是，挑了个晴好的日子，卫灵公和南子邀请我老师一起"招摇过市"。

卫灵公和南子驾着自己专属的"马拉力"在前面开路，我老师则被安排在第二辆车上。这显然是在告诉大家，孔氏一门以后要为卫国打工的意思。一路上，卫灵公完全没和我老师交流什么，反而全程都在和南子秀恩爱，看得我老师很难受，随后就在"朋友圈"发了一段屏蔽了这二人的评论：算了吧，我从未见过喜好道德就像喜欢女色一样的人。

这次"官宣"过后,我老师就抑郁了,他对卫国又失望了,做什么都提不起精神。

虽然卫灵公给我老师的礼遇很高,但他好像只是把我老师当作一尊牌位供在这里,一来可以博个好名声,二来也能招揽更多人。他并没有给我老师一个实际的官职,两人更没聊怎么改变世界的话题。

卫国掌握军权的大司马王孙贾跑来找我老师,想劝他扩大一下自己的社交圈,不要只跟卫灵公结交,也应该跟卫国实际掌握大权的卿大夫们交往,说不定大家就能推荐他了。我们这个时代的人聊

天，从来不公开正面说事，都是借一件事比喻，相当于"疯狂暗示"的操作。他说的是"与其求奥神（家中主神），不如试试灶神（家中主事的神）呢"。我老师心领神会，回答得也很干脆：要是天不保佑，跟谁结交都没用。

就这样，我们在卫国又虚度了一些日子。然后，齐景公要到卫国来访问，卫灵公忙着接见他，忙着和齐国搞关系，也没空搭理我们了。

正在这个当口，鲁国传来了一个消息，曾聘用我老师的鲁定公去世了。鲁国和卫国是结过盟的，名义上是兄弟国家，所以，鲁定公的讣告很快就发到了卫国。

我们要回去参加葬礼吗?

按规矩,如果我老师还是鲁国的臣子,无论他身在哪里,都应该回去奔丧。可我老师的处境还是有点儿尴尬的。当初,我老师虽然是自己离职的,可实际上,我们都知道,他算是被三桓解雇而不得不离开的。如果贸然回去,会不会再次被"冷暴力"对待,没人搭理我们呢?到时候,鲁定公的追悼会上都没安排我们的位子,那多难堪呀。在回不回去之间,我们又摇摆了一阵,最后,老师还是下定决心,不回国了,我们启程往更远的地方走走。

这一次,目的地是我老师的老家——宋国。这是我老师第二次离开卫国,然而,对于卫国,我们就像灰太狼一样,即使走远了,心里想的却是:我还会回来的。

子夏课堂札记

子贡问曰:"乡人皆好之,何如?"子曰:"未可也。""乡人皆恶之,何如?"子曰:"未可也。不如乡人之善者好之,其不善者恶之。"

——《论语·子路篇》

释 子贡问:"全乡人都喜欢他,这个人怎么样?"孔子说:"还不能确定。"子贡又问:"全乡人都讨厌他,这个人怎么样?"孔子说:"也不能确定。不如全乡的好人都喜欢他,全乡的坏人都厌恶他。"

善于思考的子贡总是有很多疑问,这不,他又想了一个问题跑去问老师:"老师老师,如果有一个人,整个乡的人都很喜欢他,这个人怎么样?"

本以为老师会说："那这人不错呀。"但怎么可能呢？作为一个有思辨能力的人，老师不片面也不极端，他回了句："还不能确定怎么样。"

子贡换了个问法："如果一个人乡里人都很讨厌他，这个人怎么样？"

老师这次多说了点儿，不然子贡下一句就该问"如果一个人，全乡人都对他不理不睬，这个人怎么样"了。老师说："这也是不能确定的。最好的是，全乡的好人都喜欢他，全乡的坏人都讨厌他，那就好判断这个人怎么样了。"

对啊！子贡明白过来了：一个人即使再完美，也不可能像钱那样可以讨每个人喜欢。如果坏人、没品德的人也喜欢自己，这恐怕不是件好事，只能说明这人是个滑头，不值得信任。老师这思维，一针见血呀。

小小百科　出门在外，为什么要把棺材随身带？

春秋时期，诸侯国有点儿多，各国都建立了邦交，所以外交活动很多。而且，那会儿的国际局势是小国要拜大国，所以即使是一国之君，也经常要出差去拜大国。除了拜见，还有各种开会、跟着大国打仗等等活动，一年到头几乎有一半时间都在路上。

有时候，国君即便身体不好，只要大国召见，也不能拖着不去。所以，大家就发明了一个奇怪的操作，出门在外，让侍卫把棺材抬着上路。毕竟，经常有卿大夫因公殉职死在路上，尸体得不到及时安葬的事发生。国君出门带着棺材，就是怕自己死后尸体没东西装，亏待了自己高贵的肉身。

宋国遇险记

夏天到了,子夏又来了。

离开卫国后,我们去的下一站是宋国。不过,卫国和宋国之间,还隔着一个曹国,我们只是路过了一下,很快就进入了宋国境内。

宋国是我老师的祖籍,他的曾曾曾……祖父孔父嘉,曾是宋国的大司马,主管军事,在宋国也是一人之下、万人之上。再往上数,我老师的祖先,也是宋国的某位国君,祖上是正经阔过。那么,孔氏这一支是怎么跑到鲁国的呢?在这里,我们先回忆一下我老师家族的漂流记。

孔父嘉时期,宋国对外战争频繁,宋国战斗力又一般,导致死了很多男丁，百姓天天在背地里骂当官的。宋国的总理华父督很不满孔父嘉和国君关系好，同时，又因为一桩桃色事件——我老师的曾曾曾……祖母长得太漂亮了，在一次逛马路的时候，华父督见到了她，哈喇子流了一地，当时就动了夺人之妻的心思，于是想尽办法要除掉孔父嘉。

华父督带头煽动老百姓，说宋国之所以战争频繁，都是孔父嘉闹的。被忽悠的老百姓就都很反感孔父嘉，失去民心的孔父嘉也很无奈，被华父督杀死了。孔父嘉的曾孙，也就是我老师的太爷爷孔防叔，怕被华氏迫害，这才携家带口逃亡去了鲁国。

所以，来到宋国，我们算是回到了我老师的家乡。只是没想到，当年，老师的祖先在大司马的任上被杀；现在，这一届司马竟然也要对我老师赶尽杀绝。

这是怎么回事呢？

我们刚走到宋国都城外，映入眼帘的，是很多人拉着一个巨大的石椁（guǒ）在缓步前行。椁是套在棺材外面的大棺材，连起来叫"棺椁"。老师有点儿诧异，这是什么情况？难道这是宋国国君的石椁？旁边的人说："哪儿啊，这是我们宋国司马桓魋（tuí）给自己造的石椁，花了三年时间才造完呢。"

我老师是个易怒体质，看到那么多人力都被浪费在这桩事上，当时就生气骂人了："像桓魋这样的，死了以后还在被棺椁包围，在地府里享受呢？拉倒吧，他这样的人活着是人渣，死了就应该赶紧烂掉，烂得渣都不剩！"

不得不说，我老师骂起人来，也是个犀利的狠人。

不过，这话很快就传到桓魋的耳朵里。在宋国，还从来没人敢这么骂他，所以桓魋很生气，后果就是，他不让我老师进城，也不给我老师做引荐。我老师如果想在宋国做官，就得有本地的贵族做主，把他引荐给国君。地道的祖国却没人招待，我老师倔脾气上来，也不肯走了，就在当地搞礼仪课程，开班教学，让宋国人见识见识什么叫周礼。如果有贵族因此欣赏，诚心来交朋友，就是最好的结果了。

在演习礼仪期间，有不少新生报名。司马桓魋的亲弟弟司马牛，就是这时候加入我们这个大家庭的。

夏天很热，我们经常在一棵大树下上课。司马桓魋又急又气，派人前来砍树威胁，并声称马上就要来杀了我老师。同学们都很着急，以桓魋的力量，要杀死老师还是轻而易举的，都让老师赶紧收拾东西走人。

老师心里气愤，故意不紧不慢："上天把传道授业的德行赋予

了我，桓魋能拿我怎么样？"

虽然这么说，但大家心知肚明，刀子下来的时候，没有一个"上天"会喊停。所以，大家还是加紧步伐，把老师架上车，匆匆忙忙地跑了。这次跑路，是真正的"灰溜溜"。

这次宋国之行，老师又收了一个新学生——司马牛。他虽然是司马桓魋的弟弟，但行为作风却和桓魋完全不一样。这次，他也跟着我们一块儿出来了。不过，离开宋国后，司马牛心里一直不开心，像是得了抑郁症。他跑去请教老师："什么是君子？"

老师把司马牛的苦闷看在眼里，针对性地说："君子就是不忧愁、不恐惧呀。"既赞扬他是君子，也希望他能真正解开心结。

司马牛疑惑："做到不忧愁、不恐惧就是君子了吗？"

老师说："当然啦，如果我们反省自己的时候，发现自己对世界、对别人都没啥愧疚的，那还有啥忧愁、恐惧呢？"

> 司马牛问君子，子曰："君子不忧不惧。"曰："不忧不惧，斯谓之君子已乎？"子曰："内省不疚，夫何忧何惧？"
>
> ——《论语·颜渊篇》

老师是想告诉他，桓魋的错误不是他造成的，所以他不必自苦。对待"问题"学生，整个师门都洋溢着一股暖流。

子夏课堂札记

司马牛忧曰："人皆有兄弟，我独亡。"子夏曰："商闻之矣：死生有命，富贵在天。君子敬而无失，与人恭而有礼，四海之内皆兄弟也。君子何患乎无兄弟也？"

——《论语·颜渊篇》

释 司马牛忧愁地说："别人都有兄弟，只有我没有！"子夏安慰说："我听说，生死是天命，富贵也是老天的安排，不能强求。君子做事严谨而不出差错，对人恭敬有礼，那四海之内都是兄弟了，君子何必担忧没有兄弟呢？"

老师离开宋国的时候，没多久司马牛就追随老师一起离开了，后来也成了孔门七十二贤之一。

自从出国后，司马牛一直不开心，话也不多，被孤独感包围，感觉世界上只有自己是孤家寡人。他经常念叨："别人都有兄弟，只有我没有。"

其实，他不是没有兄弟，只是他兄弟桓魋在宋国作乱，宋景公

及时察觉，桓魋失败逃亡了。这样一来，其他四个兄弟也都不好意思再在宋国待着，于是各奔东西。因为大家天各一方，感觉就像都不存在一样，所以司马牛经常觉得很孤单。

我听了以后，跑去安慰他："我听说过一句话叫'生死有命，富贵在天'，这是上天安排好的，我们改变不了。但作为一个君子，我们做事严谨，没有过错，待人恭敬有礼，那四海之内都是兄弟了，怎么会怕没有兄弟呢？""四海之内皆兄弟"，就是我为司马牛创造的名言。

小小百科

古代人怎么度过夏天？
他们夏天也能吃冰吗？

夏天烈日当空的时候，总让人提不起精神，挪动一步，都需要消耗体力。好在我们有空调、冰箱以及各种冰镇饮料等，人间也算十分值得。不过，转念一想，这不禁让多思的我们替古人担忧起来了，古代啥都没有，他们在酷暑时节该怎么办呢？除了找棵树乘凉，是不是面对烈日生无可恋？

这么想就太小瞧古人的智慧了。毕竟，人类文明进步的动力，就是为了让自己过得舒坦、更舒坦一些。早在西周的时候，人们就设置了专门管理冰块的官，叫"凌人"。凌人下面还配有92个人，一起负责冰块的开凿、储存，以及每年夏天给贵族们发放的工作。

除了天子赏赐，古代有条件的人家都喜欢挖个地窖储藏冰块。他们在冬季把厚厚的冰块搬到地窖密封，等夏天的时候再取出来用。轰动世界的曾侯乙墓，出土了一个国宝级文物"曾侯乙铜冰鉴"，就是古代的冰箱，鉴里面有一个缶，是用来盛酒的，外面的鉴则可以放冰块进去。所以，古人早就喝过冰镇果酒啦。

好像一只"丧家狗"

我们一路逃亡，尴尬又狼狈。原本我们打算在宋国常住，但因为宋国不接待，只好临时改变计划。在逃亡和颠簸的路上，我们决定转道去郑国。

因为走得急，谁也顾不上谁，大家一不小心都走散了。到郑国都城东门的时候，只有老师一个人。他站在城门口东张西望，彷徨失措，满身的疲惫，满眼的落寞。虽然一路都在漂泊，可老师身边从来没缺过人，这是他第一次一个人漂泊在陌生的国度，真有点儿心慌意乱。郑国路过的人也都时不时对这个陌生人行一下注目礼。

和老师走散，我们大伙儿也很焦急。子贡同学见人就问："老乡，你看见我老师了吗？"终于问到一个人，嘴还挺碎，他说："你老师哪位呀？我不认识。不过，我倒是在东门外看见一个外地人，我跟你描述一下，你看是不是你老师啊。那人额头长得像唐尧，脖子像皋陶，肩膀像我国的子产。不过，他腰部以下是短板，比大禹短了三寸，而且脸上神情很狼狈，眼神也很慌张，可怜巴巴地望着街上走过的人。要说有什么可以形容他的状态，那真是像极了丧家狗。"

这可不就是老师嘛！子贡谢过郑国老乡，赶紧向东门飞奔而去，终于见到了老师。随后，我们大伙也陆陆续续汇合到了一起。子贡跟老师说了刚才的情形，我们本以为老师会生气尴尬，结果他反倒爽朗一笑："哎哟，说我像那么多大佬，我可真比不上。但要说像丧家狗，别说，还真挺像的，哈哈哈。"

大家在老师的自我调侃下，终于回过了神儿，决定赶往下一站，上次想去而没去成的陈国。

这次到陈国还挺顺利的，大概老天爷也知道，不能只逮着一个人欺负。到陈国后，陈国管水利营造的司城贞子很喜欢我老师，我们就在他家当起了房客，一住就是三年。期间又有不少同学加入进来。这三年间，各诸侯国之间也发生了不少大事，最重大的一件事，要数吴王夫差报了杀父之仇，一举打败了越王勾践，还让他成了自己的半个奴隶。那胜利的感觉，真让夫差膨胀了八百斤。

三年里，诸侯国之间几乎是战火不断，晋楚两个大国闲着又开始争霸。他们这次争的，是陈国到底该管谁叫大哥。一旁的吴王夫差不服了，认为自己也有当中原大哥的资本，于是也加入了战争，跑来欺负陈国，搞得陈国人很心累。老师见状，告诉同学们，陈国不安全了，正所谓**危险的地方不去，乱的地方咱不住**，大家伙儿还是回卫国吧。

就这样，我们又按照原先的路线，从陈国返回卫国。到达卫国的蒲地时，多灾多难的我们又遭遇了一次危机。卫国的公叔氏跟南

> 子曰:"笃信好学,守死善道。危邦不入,乱邦不居。天下有道则见,无道则隐。"
>
> ——《论语·泰伯篇》
>
> **释** 孔子说:"坚定地相信我们的道,努力学习它,誓死保全它。不进入危险的国家,不居住在动乱的国家。天下太平就出来工作,天下不太平就隐居起来。"

子不对付,占了蒲城造反,听说大贤人孔子又要去卫国,担心我们帮卫国对付他,就把我们一行人给扣留了。

来自陈国的师弟公良孺非常气愤。他本来是个贵族,是自带干粮跟着老师学习的,一个人就有五辆车的配置,私兵也不少,之前在匡地看老师被围了一次,现在又被刁难,气得带着人马就去火拼。公良孺表现得很猛,蒲地人就尿了,心想:我们干吗跟孔子过不去呀!于是就要跟我老师订个盟约,只要他不去卫国,就放他走。

我老师马上出来歃(shà)血发誓:我孔丘绝对不去卫国。

蒲地人信了,这才放我们通行。重获自由后,子贡同学很迷茫:"那我们现在该去哪儿呢?"

老师瞟了一眼子贡:"去卫国啊。"

子贡大惊失色:"啥?老师刚才不是跟蒲地人赌咒发誓不会去卫国吗?这不是欺骗神灵吗?"谁知道,老师来了句:"在要挟下订的盟誓是不作数的,神也不会听。"好吧,一众弟子都是"我倒"的表情,原来你竟是这样的老师!

就这样,我们又回到了卫国。老卫灵公听说老师回来也很高兴,亲自到郊外迎接。不过,老友就是老友,只是个聊天的对象,可以花大价钱养着,但卫灵公就是没有起用我老师的意思。每当我老师想关心一下政事，卫灵公就抬头看天，说点儿什么"啊，你看那只大雁多自由"之类的话转移话题。我老师很郁闷，他根本不想当个白吃饭的人，他想要的是凭自己的本事改变世界，顺便混饭吃而已。

正好这会儿，晋国赵简子的家臣学习阳虎，当起了造反派，派人召我老师去帮忙。流浪多年不得用，我老师也是真伤心绝望，竟然对这个邀请有点儿心动。子路师兄第一个站出来反对："一个造反派，你居然也要去帮？"

老师失望又无奈："可我也不能像个匏（páo）瓜一样，老是空闲挂着不给人吃啊。"

我们都很理解老师的苦闷，但大家谁也不想看他晚节不保。后来，我老师还是动了去晋国试试的心思，可站在黄河边徘徊了一会儿，念了几句**"逝者如斯夫，不舍昼夜"**，最终还是放弃了，又回到了卫国。

子在川上曰："逝者如斯夫，不舍昼夜。"

——《论语·子罕篇》

释 孔子站在河边，说："光阴的消逝就像河水一样呀，日夜不停地流走。"

卫国这会儿情况也不太好，老卫灵公生病了，太子蒯聩又在国外虎视眈眈。卫灵公打算跳过儿子，让孙子直接即位。但他知道蒯聩是不会放过新老国君交替的空档的，就来问我老师愿不愿意帮他一把。老师心想：离开陈国，就是觉得那边不安全，现在这种烫手

的事，我哪儿敢接呀？很快就带着我们又回到了陈国。

这一年，卫灵公去世了，而我老师也将近60岁了。

我老师的这几年，真是茕（qióng）茕白兔，东走西顾，哪里都能去，可哪里都不是家，宛若一只丧家犬。

子夏课堂札记

卫灵公问陈于孔子，孔子对曰："俎豆之事，则尝闻之矣；军旅之事，未之学也。"明日遂行。

——《论语·卫灵公篇》

释 卫灵公向孔子询问排兵布阵的方法。孔子回答说："祭祀礼仪方面的事情，我还听说过；用兵打仗的事，从来没有学过。"第二天，孔子便离开了卫国。

老师在卫国和卫灵公交际最多，卫灵公给老师的待遇也不低，既然给了钱，就有陪聊义务。有一次，卫灵公又找老师聊天，这次聊的，是排兵布阵的事。

老师知道卫国要发生大乱，并不想掺和一脚，就一直装傻。卫灵公一问，他就抬头看天："啊，今天天气不错。"

卫灵公再问，他又转移话题："唉，今天的饭菜有点儿咸，口渴，口渴啊。"

卫灵公忍不住了，让老师正面回答问题，老师见躲不过，只好撒谎："那啥，如果你问我祭祀礼仪方面的事，这是我拿手的；带兵打仗的事，我可不熟，完全不熟啊。"

第二天，老师就带着弟子们溜了。

小小百科

你知道司马、司城、司徒、司空这些复姓，是怎么来的吗？

形成对一个人的整体印象，姓有时候很重要。普通的姓，平平无奇，没啥关注度，像什么朱、牛之类的，还有点儿吃亏，经常会遭到讽刺；而上官、东方、钟离、司城这些，听起来就很有味道了，仿佛出场自带光环。这些姓是怎么来的呢？为什么有些人的姓这么有高贵感？

前面我们说过，中国经历过一个氏变为姓的阶段，而这些氏的由来，有的是封地，有的是祖先的字，有的则是官职。像头带"司"什么的姓，基本都是古代的官职。司，就是管理，有司，就是有关部门的意思。所以，司空、司城、司马、司徒，包括孔子曾当过的司寇，后来也都成了中国的复姓。只要看到姓这个的，你就可以断定，他家祖上正经牛过！

在楚国的边缘徘徊

大家好，还是我，爱讲故事的子夏。

说起来，虽然大家都知道我老师人生里有一段"周游列国"的经历，但其实，除了从山东出来，他基本都在河南转圈，陈、蔡、郑、卫、宋、许等国，都在今天的河南省，所以，他是"周游大河南"。

我们在陈国的第二年，冉有师兄被鲁国季孙氏的新族长季康子请回了国。老师依依不舍，但见弟子被重用，还是很欣慰。子贡师兄知道老师年纪大了，也很思念家乡，就偷偷叮嘱冉有师兄，如果有机会，得想办法把老师接回去。

这个时期，国际上很热闹，中原那边还是小打小闹，而我们来到了中原的边角地带，所以最能感受到的是新的局势——吴楚争霸。这两个长期被大家称为"蛮夷"的国家，为啥肌肉那么发达呢？我老师很想一探究竟，于是，他决定再往南边挪点儿，去蔡国溜溜。

蔡国正是被吴楚争霸影响的国家之一。虽然蔡国是老牌诸侯，祖先蔡叔度是周文王的亲儿子，但到春秋末期，越是当年地盘好的诸侯，越没有发展空间，被吃成胖子的大国变着花样欺负。蔡国被相邻的吴楚两国夹击，日子过得比"汉堡包"还憋屈。楚国说，为了保护你，希望你们举国迁到楚国的地图上；吴国说，为了不受楚国骚扰，吴国全境欢迎你们搬家。蔡国没想到自己成了香饽饽，叫好搬家公司，正在考虑移居去哪儿。

靠近吴国一带的人认为该搬到吴国去，靠近楚国一带的人则认为还是应该跟楚国混。大家内心充满忐忑，也不知道哪个注才叫下对下赢了。我老师没兴趣参加他们的抛硬币游戏，到蔡国以后，他听说邻国楚国叶县的长官是个很讲武德的人，一心想要见见。这个人就是叶公诸梁。

对的，你没想错，后人瞎编的"叶公好龙"，原型就是这位。当然，那是后人编的传说而已。真实的叶公是个品行良好，被我老师点赞的贤人呢。

我老师从蔡国出发去了叶地，叶公也听说过他，两个"网友"就这样见面了。

叶公对我老师很尊敬，老师对他也是一见如故，两人就愉快地聊上了。叶公问我老师对政治的看法，如果他做官，会怎么搞政治。

我老师说："施行仁政，让你统治下的老百姓都很高兴，这样，远方的老百姓也会来投奔你。"这显然是针对蔡国对吴楚两国二选一的问题提出来的。

两人从政治、民生聊到社会风俗、人的品性，等等。叶公举了个例子说："我老家有个正直的人，他爹偷了别人的羊，他反手就把爹给举报了。"

我老师完全不认同这个观点，他说："在我老家，如果爹偷了羊，儿子会为爹遮掩；儿子犯了错，爹也会为儿子遮掩。"我老师幼年丧父，对爹的良好印象都是他娘教导的。所以，在他的思维模式里，是把爹无限美化过的。再者，他提倡孝悌伦理，父子之间是相互深爱的，所以即使遇到上面的问题，别人可以举报，但儿子怎么也不会忍心举报爹。在我老师眼里，这也是一种正直。因为，这是每一对父子内心的想法，是他们心里的"直"。

这种不正确的做法，竟然也可以是正直？叶公哑口无言，但又无法反驳，因为说到底，这种做法才符合人性。

叶公对我老师的理论很感兴趣，有意把他拉到楚国做官。但正如我老师说的，"听其言，观其行"，有些人嘴上说得好听，但背地里也许是另一副面孔。所以，叶公决定找我们师兄弟侧面了解一下我老师。被找到的人是子路师兄，子路师兄的正直和诚信也是名声在外的，他一定不会说谎。叶公问子路师兄："孔子是个怎么样的人啊？"

子路觉得很奇怪，这是要打探什么吗？子路支支吾吾不敢多说，怕自己口才不行，没表达好，把老师做官的机会给说没了。回去后，子路师兄把叶公的"偷窥"告诉了老师，老师当时就遗憾得直跺脚："你怎么不跟他说，我发愤起来连吃饭都会忘记，快乐起来忧愁全跑光了，甚至忘记了时间，都不知道自己快要老了。"如果问的是子贡师兄，那他一定能把老师介绍得很体面。

> 叶公问孔子于子路，子路不对。子曰："女奚不曰：其为人也，发愤忘食，乐以忘忧，不知老之将至云尔。"
>
> ——《论语·述而篇》

在蔡国期间，我老师还遇到了很多隐士。可能是因为陈、蔡两国的生活贫困，不少曾经的贵族都沦落成了百姓，他们有见识，但却不想参与政治，就主动隐居了起来。这些隐士大多对世界很失望，还略带一点儿愤世嫉俗，所以都看不惯我老师的苦苦挣扎。有人说他"四体不勤，五谷不分"，有人讽刺迷路的他"不是天天说'道'吗，怎么会找不到路在哪里"？

我老师并不生气，他对自己坚守的道很确信。他说："我们是人类，人类必须和人类社交，不能和禽兽住在一起。而且，正是因为世道乱，才需要我这样的人出来啊。世界不好，才需要我们去改变，而不是躲起来骂骂咧咧，这样毫无益处。如果世道好，我也可以抱着手玩，就不用出来改变世界了。"这就是我的老师，路难走，才需要他在前方领路导航！

子夏课堂札记

孔子曰:"益者三友,损者三友。友直、友谅、友多闻,益矣;友便辟、友善柔、友便佞,损矣。"

——《论语·季氏篇》

释 孔子说:"益友有三种,有害的朋友也有三种。与正直、诚实、见多识广的人交朋友,就是对我们有益的;与谄媚逢迎、阿谀奉承、花言巧语的人交朋友,就会有损害。"

老师担心学生们一门心思扑在学习上,忘了实际的人际关系,怕他们在跟人打交道的时候吃亏上当,就开了一个课题:大家觉得,哪些人适合当朋友呢?

子路觉得,当然是自己这种勇敢的人适合做朋友,当朋友遇到危险,他能第一个站出来帮人排忧解难;子贡觉得,当然是和自己这种土豪做朋友,钱可以摆平一切,如果不能,他还有一张说动天

勇敢　　土豪　　精明

下的好口才，到哪里都不会吃亏；宰我觉得，当然是和自己这种聪明人交朋友啦，以他的精明，没人能骗得了他。大家纷纷发言，表示自己是好朋友的种子选手。谁知道老师听了，摇了摇头："你们各自的品德都不错，但我们将来面向社会，遇到的不只是现在这帮同班同学，社会上的人那可是杂乱得很呀。"

弟子们求教："那，交朋友有什么秘诀？"

老师笑着说："其实，朋友也分有益和有害的。益友有三种，有害的也有三种。正直、诚实、见多识广的人，这种人就是有益的，我们可以与其交往；谄媚逢迎、阿谀奉承、花言巧语，这就是有害的朋友，如果遇到这种人，赶紧退圈保平安。"后来，很多人取名就直接叫"友直""友谅""益友"了。

小小百科

在先秦，你知道怎样称呼对方的名字吗？

在先秦，一个名字是不会贯穿人的一生的，那会儿的人称呼是根据年龄变动的。一个人在年纪很小还没有取字的时候，大家叫的都是他的大名。等加冠礼取字后，朋友之间都只能叫字，即使从小叫习惯了大名，这会儿也不能喊了。到50岁以后，他们的称呼又变成了排行，比如老大老二老三，也就是伯、仲、叔、季这一类。像周文王家，老大伯邑考，老二周武王，最小的冉季载，然后中间的全是"叔"，如管叔鲜、蔡叔度、曹叔振铎、郕叔武、霍叔处等。死了以后，名和字都不能叫了，而应该叫谥号，这是他一生的盖棺定论。我们说的齐景公、鲁昭公、季桓子等，中间的都是他们的谥号。

绝粮于陈蔡，队伍不好带

又是积极营业的一天！大家好，我是子夏。

和叶公见面之后，我们又回到了蔡国。没多久，也就是我老师63岁这一年，吴楚两国又要干架了。这次，是因为陈国跟楚国混得好，吴国为了体现自己的老大地位，就想用武力来争夺陈国的"归属权"。陈国弱小可怜又无助，马上向楚国发出求救信。楚昭王二话不说，带着人马赶来救陈。双方在今天的安徽阜阳杠上了。

军队在对峙中，楚昭王闲来无事，也想搞一场"网友"见面。他从叶公那儿听说过我老师的为人作风，感觉就是自己的菜，一封鸡毛信邀请我们去做客。我老师本来一直遵循"一个周朝"原则，对楚国这种越级称王、破坏大周团结的人，原本是看不上的。可和叶公交流过后，他又深深地觉得，楚国人好像不是那么没文化，"蛮夷"的帽子似乎可以摘掉了。于是，他决定出发去会会这位楚王。

我们这一大帮人，虽然中原各国的国君好像都不是很愿意用我们，但对我们的动向，他们还是掌握得一清二楚。蔡国人听说楚王来找我们，很慌很焦急，他们一部分人是亲吴派，怕我们在蔡国住了几年，把蔡国的情况都摸透了，现在要去出卖他们。所以，当我们走到陈、蔡边境时，蔡国人就追上来把我们团团围住了。

他们想干啥？既不跟我们说话，也不伤害我们。我们曾派人交涉，但他们愣是不肯说一个字。对这种迷惑行为，我们也是一脸蒙。

后来，老师算是悟出来了，蔡国人不敢动我们，怕得罪楚国，可也不敢放我们，怕我们跟楚国搭上关系。所以，他们是想逼我们退回蔡国，不要去跟楚昭王约会。

走哪儿都不顺，把我老师的倔脾气勾了起来，他心一横，表示绝不后退半步。就这样，我们一连被围困了好几天。所谓"人是铁饭是钢，一顿不吃饿得慌"，粮食吃完以后，师兄弟里好多人饿得腿发抖，站都站不稳了。本来我们就经常奔波跋涉，生活条件也不算好，因此，很多人都生了病。

看着弟子们东倒西歪，老师也很愤懑（mèn）。可他也没办法，只能不断地跟我们讲课，希望用知识把我们喂饱。他一会儿读读诗歌，一会儿弹琴唱歌，可这种高雅的事，都是吃饱饭以后才有力气干的，现在我们肚子里饥肠辘辘的合奏声都比琴声大了，哪还有这雅兴。

子路师兄这个直肠子对老师的决定有点儿不满，就跑来质疑，话说得也很难听："君子也会有穷困的时候吗？"意思是，我们作为君子，应该是人人都尊敬的，怎么会落到这个田地？

大家都知道，只要我们一对话，准能产生金句，这次也不例外。

> **在陈绝粮，从者病，莫能兴。**
> **子路愠见曰："君子亦有穷乎？"**
> **子曰："君子固穷，小人穷斯滥矣。"**
> ——《论语·卫灵公篇》
>
> 释　孔子一行在陈国断了粮食，跟随的弟子很多都病得站不起来。子路很不高兴，摆脸色去见孔子，说道："君子也会遇到这种穷困的时候吗？"孔子说："君子即使遇到穷途末路，也会坚守自己的道德；小人如果穷困了，就什么事都干得出来。"

　　老师对子路师兄的质疑，回了一句名言"君子固穷"，然后又说，但君子在困境面前节操不会变，不像小人，遇到困窘什么事都干得出来。

　　话虽然这么说，但让学生跟着自己受苦，老师不免也有点儿心酸，有点儿怀疑自己。他也需要打打气，顺便把自己的想法告诉弟子们。于是，他把子路叫进去私聊，上来先引用了一段《诗经》："我不是老虎也不是犀牛，为什么游荡在旷野里？子路你说说，我们到现在这个地步，是因为我推行的'道'有什么问题吗？"

　　子路没好气地说："可能是我们的仁还不够吧，所以大家都不理解我们。也可能是我们还不够智慧吧，所以人家不听我们的。"

　　老师抛出这个问题，当然不是让学生来质疑的："仲由啊，要是仁者就都能被信任，伯夷、叔齐怎么会饿死呢？要是智者都畅行无阻，比干又怎么会被处死呢？"老师的意思是，问题不在我们，而在世道，在那些没头脑的统治者。所以我们要提出治国方针，让统治者听我们的话，推行仁政，让天下都"仁"起来。

子路退出去后，老师又喊了子贡进去，说了同样的问题。子贡其实内心也不满，但他是生意人，会说好听的话，上来先对老师一顿夸："老师您的道太高深、太伟大了，一般人是理解不了的，这才会误解您。所以，您能不能降低点儿标准，搞点儿通俗的、让大家能接受的方法？"

老师还是不认为这是自己的问题，还有点儿生气，举例反驳说："子贡呀，一个好老农可能善于种田，但却不一定有收获，因为这是看天吃饭的；一个好工匠手艺精巧，但做出来的东西不一定合每个人的意。我们君子修的学说，是有自己完整的体系的，但不一定被世人接受。你不去修道，光想着怎么'降价'，你的志向太低了。"

子贡退出后，老师又喊了颜回进去，问了同一个问题。颜回对老师的佩服是五体投地的，他发自内心地一顿点赞："老师您的学说太博大精深了，所以那些凡庸的人根本看不懂。您就坚守自己的道，没人用我们怕啥？没人用才是君子特色。如果我们的学说不好，那

绝粮于陈蔡，队伍不好带

是我们的耻辱；但我们的学说好，统治者不用，那是他们的耻辱。不被接受，我们还不遗余力地干，这才显出君子本色。"

这次，老师开心了，说："颜家小子，你不错，要是你发达了，我就给你当管家！"

聊完天，被鼓了气，振奋了精神，老师终于派子贡去向楚人求助。楚昭王得到消息，忙派人把蔡人赶跑，把我们接到了楚军军营。这次，我们一共被围困了七天，断水断粮，在比惨的故事里，没输过。对了，陈国的公良孺同学叮嘱我，一定要澄清一句，所谓"绝粮陈蔡"，其实只是在蔡国境内。他表示，这锅我们陈国人不背。

子夏课堂札记

子曰："赐也，女以予为多学而识之者与？"对曰："然，非与？"曰："非也，予一以贯之。"

——《论语·卫灵公篇》

释 孔子说："端木赐（子贡），你以为我是学习得多了才一一记住的吗？"子贡答道："对啊，难道不是吗？"孔子说："不是的，我是坚定了一个基本的道理就不变，用它贯穿始终。"

在陈、蔡绝粮的那段日子，大家情绪都很不好。人在生病和困境面前，是最容易发脾气的。一向沉得住气的子贡同学也有点儿不开心了，摆了难看的脸色。其他弟子虽然没这么激进，但也都心怀怨气。老师把一切都看在眼里，于是决定给大家疏导疏导。他把子贡叫来："子贡呀，你觉得我是学习得多了才一一记住的吗？"

子贡懒懒地说:"当然了,难道不是吗?"

老师说:"不是的,我只是坚守了一个道理,终身就不改变而已。"成语"一以贯之",就是老师在这儿提出的。

小小百科 古人的年龄是不是你想问就能问的呢?

古人对自己的年龄也是相当保密的。如果你非要问,别人也不会直接告诉你,而是以能不能胜任自己的工作来答话。

比如,如果你问天子多大了,他绝对不会直说年龄,只会回答可以穿多长的衣服了。如果问一国之君,他的回答则是能不能主持宗庙社稷的祭祀。问国君儿子的年龄,年纪大一点儿的,也会说可以协助宗庙祭祀。问大夫的儿子,过了少年时期的,回答就可以说"能驾车了",否则就说不能驾车。因为他们的工作都是给当权者驾车。再往下一点儿,问士人的儿子,回答就是能不能接待客人,从中传话。问老百姓的年龄,就以能不能担柴为标准,年长的就说可以上山砍柴,年幼的就说还不能砍柴。你想知道具体数字?不可能,这辈子都不可能知道。

孔子的人生观、金钱观

大家好,我是子夏。今天,咱们聊点儿轻松的话题,我老师的人生观和金钱观。

没拜师之前,听说孔夫子推行"周礼",一切以礼为准则,我还以为他是个顽固干瘪的形象。没想到,我老师并不是一个迂腐的人。他比我还豁达,高兴了会放声大笑,伤心了会仰天号哭,心情不好的时候也会骂骂咧咧,完全就是个有血有肉真性情的人。

自从在卫国追随我老师以后,我感触最多的就是,他真是一个抗击打能力超强的人。面对多少艰难险阻、多次生死危机,他比我们任何人都淡定。虽然他一直没放弃做官,让我险些以为他是个追名逐利的人,没多久我就发现,他想做官只是为了推行自己的主张来救世。有什么证据呢？

比方说，逐利的人一定很喜欢钱吧？但我老师并没有钻钱眼里，他虽然没有一掷千金的豪迈做派，但也不见得把金钱看得多重。

有一次师兄弟们聚在一起聊天，有个胆子大的师兄问："老师难道不喜欢钱吗？如果有国家开高工资请老师去做个富贵闲人，老师也不稀罕吗？"

老师大笑，说："那要看钱是怎么得来的啊。如果是合乎道德的，我就算给别人驾车赚钱也可以；如果不合乎道德，我就还是做自己喜欢做的事吧。当有钱人肯定是每个人的愿望，但如果手段卑劣，靠坑蒙拐骗之类的方式得来，那咱一毛钱也不要。没人喜欢当穷鬼，可如果用不光彩、不体面的方式摆脱穷困，我还不如当个穷开心的人呢。"

> 子曰："富与贵，是人之所欲也，不以其道得之，不处也。贫与贱，是人之所恶也，不以其道得之，不去也。"
> ——《论语·里仁篇》
>
> **释** 孔子说："富贵是每个人的愿望，但不以正规渠道获得，我还不如不要；贫贱是每个人厌恶的，但不以正规的方式摆脱它，不如当个穷人。"

有人问，那穷人是怎么样的？

"穷人还能怎么样？就是吃粗粮、喝清水，枕着自己的胳膊睡觉呗。但就算是这样的日子，我们穷得理直气壮，穷得开开心心。那些得来不正的富贵，对我来说就跟浮云似的。"好家伙，"神马都是浮云"这句网络流行梗，竟然是我老师发明的。

子曰:"饭疏食饮水,曲肱而枕之,乐亦在其中矣。不义而富且贵,于我如浮云。"

——《论语·述而篇》

释 孔子说:"吃粗粮,喝清水,枕着自己胳膊睡觉,快乐也在这里面。得来不义的富贵,对我来说就是浮云。"

我老师的话真不是装。当初,他在鲁国做大司寇和代理国相的时候,按身份地位,他的家里也必须有个"宰",就是家里的总管。老师把这个工作交给了我们的小师兄原思,还大手一挥,直接给他九百斗小米抵工资。原思被这个"巨款"吓到了,推辞了几次,结果老师说:"咳,你谦让什么?这些粮食你自己吃不完,可以拿去给你的乡里乡亲吃啊。"这是在间接周济原思的邻居,当好人不留名呀。

说来惭愧,这一点,我就做不到。我有个著名的糗事,也是上了同学们之间抠搜排行榜的。

有一次，小雨淅沥，我老师要出门办事。走路是不方便的，毕竟他是个有身份的人，而且下过雨的地面多脏呀。但他的车没有车盖，碰巧我的车有车盖，有知情的同学就提议来找我借。谁知道，老师马上反对说："算了吧！你们为什么要难为子夏同学？他的东西看得比较紧，如果我去借，他肯定要给，但借了以后，他心里就会很不舒服，一直惦记着这个事，饭也吃不下，睡也睡不好。干吗要给他出这个难题？"看来，我的性格和日常不太大方的作风，在老师那儿也是留了名号的。

后来有同学转述给我听，真让我有些难堪。脸红一下，我承认，这方面我确实比较抠门。

言归正传，对于该不该拥有钱，什么时候该有钱，什么时候该受穷，又有同学穷追猛打，问老师有没有啥固定的标准。

老师完全没有不耐烦，继续解答："简单啊，如果世道好，机会那么多，别人都可以脱贫致富，我们却只能当穷鬼，那肯定是可耻的；如果世道不好，大家日子都不好过，我们却富得流油，显然是通过榨取别人得来的啊，这样也是可耻的。"

> 子曰："邦有道，贫且贱焉，耻也；邦无道，富且贵焉，耻也。"
> ——《论语·泰伯篇》
>
> 释 孔子说："一个国家治理得很好的时候，如果你只能贫贱一生，这是耻辱的；如果一个国家混乱无道，你却富得流油，也是可耻的。"

这就是我老师对钱和人生的态度，想有钱，但却不愿意接受不义之财，也不愿意吃白食。有理想、有志向，也有着最高的底线。

子夏课堂札记

子贡曰："贫而无谄，富而无骄，何如？"子曰："可也。未若贫而乐，富而好礼者也。"

——《论语·学而篇》

释　子贡说："贫穷的时候不去谄媚别人，富贵了也不骄傲，这种人怎么样？"孔子说："可以了。不过还比不上贫穷却很快乐，富贵却又好礼的人。"

子贡在孔门弟子里是富豪榜的第一名，他为人也谦虚，只豪不土，对此他自己感到很骄傲。听老师经常只给颜回点赞，子贡终于忍不住了，跑来找老师炫耀，希望老师看见自己的长处。

他一开口就说："咳，老师，我有个朋友，穷的时候不去谄媚讨好别人，有钱的时候也不骄傲膨胀，这人还不错吧？"

老师知道，但凡是"有个朋友、有个亲戚"，基本就是自己了。

为了防止多一分让子贡太骄傲，老师只给他打了九十九分："还行吧，但还不如穷的时候也很快乐，有钱的时候也很讲礼。为什么这么说呢？穷的时候不怨天尤人是比较难的，但有钱了不骄傲其实是比较容易的。"

子贡被说得哑口无言。好吧，老师就是不舍得多夸一夸自己呢。

小小百科　"被宰了"是怎么来的呢？

"宰"字，上面的宝盖头形状像一栋屋子，下面的辛，则是指受过刑罚的人。一个受了刑罚的人，在屋子里肯定只能是干活。所以，后来宰就衍生出了主持、主管事的意思。像周朝的官职里，管理百官的就叫"大冢宰"，也叫太宰。因为这层意思，宰在官称里遍布官场。比如，一座城的主管，就叫邑宰；一个县的领导，就是县宰；一个家的管家，就是家宰，都是指主事的人。

古代一个家族里主持杀生祭祀的，也都是总管，于是宰字又分化出了"宰杀"的意思。渐渐地，管杀猪牛和各类牲畜的，就干脆叫"宰夫"。直到今天，我们买东西的时候如果以高出实际价格的价位买到，就会大呼一声"被宰了"。这个宰，按原意是被人管理了一把，引申的意思，就是像动物一样，挨了一刀，很痛苦，所以是被"宰"了。

回家了！

大家好，主播子夏我又准时上线了！

谈完理想，说回现实。上次说到，我们被楚昭王接进了楚军军营，在楚军军营待了一段时间后，楚国人对用不用我老师有点儿争议。不巧的是，楚昭王突然病死了，这下老天帮忙做出了决定，老师只好带着我们又回到了卫国。这一次，我们在卫国待的时间最长，一共住了五年。

这次回卫国，老卫灵公早已不在了，他儿子，也就是当初的太子蒯聩又逃离了卫国，所以这会儿是卫灵公的孙子卫出公当家。子路师兄在卫国关系多，他被卫国一个叫孔圉（yǔ）的贵族招聘去了，孔圉就是那句"孔文子何以谓之文也"的主角。

老师对子路师兄这次出来工作不是很赞成，因为，卫灵公虽然死了，但他留下的烂摊子还在——那位当了几十年太子的蒯聩在外面还不服气呢。他先是和爹争位，现在又一门心思想带着境外势力打回来把儿子赶下台。所以，卫国的安全隐患很大。这也为后来子路师兄的结局埋下了伏笔。

在卫国的第二年，南方的吴国想到中原撒野，选中了鲁国开刀，就给鲁国提了很多丧权辱国的要求。鲁国人不知道怎么办好，只好派人来把子贡师兄给请回去了。

遇到难题，所有人都想起我老师和我们师兄弟了。随着师兄弟一个个回国，老师对故土的思念之情也愈发浓重，都说狐狸死的时候会把头对着自己巢穴的方向，人老了，就更眷恋故土了。在卫国又虚度了三四年后，我老师回国的机会终于来了。

前面说过，冉有师兄被鲁国的季孙家叫回去了。后来，在齐鲁之间一场拼肌肉的大战中，冉有师兄带领鲁国大获全胜，季康子很开心，就问他这一身打仗的本事是跟谁学的，不会是天生的吧？

冉有见机会来了，斩钉截铁地说："我都是跟我老师孔夫子学的。"季康子问："你老师是个怎么样的人呢？"冉有忙不迭地开启夸夸模式，说老师是个诚信的人，无论百姓还是鬼神，他都不会让他们失望。当然，这也是我们心目中的老师。

季康子听后弱弱地问："那我想把他召回来，他会同意吗？"有此一问完全是因为，当初我老师离家出走，正是他爹季桓子搞的鬼。

冉有师兄知道老师想回家的心情，为老师摆够了谱，忙说："当初我老师出走，是有小人从中作梗。只要没有小人阻拦，他会回来的。"

就这样，不多久，季康子派人来到了卫国，恭恭敬敬地请我老师回鲁国。算算时间，老师前前后后一共在外面漂泊了14年，这一年，他已经68岁了。插一句题外话，就在这前一年，我们的师娘，老师的夫人亓官氏去世了，我们当时没能回去奔丧。

现在，终于可以启程回国了！我们一行人浩浩荡荡往鲁国首都曲阜赶，师兄弟们归乡的激荡心情，一声声催促着马蹄"踏踏"向前。

这些年，国际局势变了几波，各国的当权者也更换了好几茬。除了卫国，齐鲁也都更新换代了，老齐景公去世，新君是齐悼公；鲁国也一样，当初支持我老师上台"变法"的鲁定公早就谢幕了，现在是鲁哀公——听这谥号，你就该知道，他作为国君的一生并不幸福。

到达曲阜后，鲁哀公召见了我老师，给了他一个高规格的"国老"待遇，就是国家退休干部的意思。作为老干部，老师可以给鲁国上层提供各种想法和建议，大家有疑惑的时候也会跑来请教他。

鲁哀公就有很多问题。比如有一次，他问老师："怎么样让老百姓服从我们呢？"

老师说："简单啊，把正直的人都提拔起来，让邪恶小人都一边去，老百姓就服从了。如果朝堂上都是小人当道，正直的人没地儿待，那老百姓怎么会有安全感，怎么会信任我们？"

> 哀公问曰："何为则民服？"孔子对曰："举直错诸枉，则民服；举枉错诸直，则民不服。"
>
> ——《论语·为政篇》
>
> **释** 鲁哀公问孔子："怎么样让老百姓服从我们？"孔子说："提拔那些正直的人，让他们在小人之上，老百姓就服了。如果反过来让小人在正直的人之上，老百姓就不服。"

鲁哀公觉得我老师说的道理超硬核。自此以后,老师就经常收到鲁哀公和季康子的"每日一问",成了国家的高级顾问。

子夏课堂札记

子曰:"名不正,则言不顺;言不顺,则事不成。"

——《论语·子路篇》

释 孔子说:"名分不搞清楚,说的话就不能顺当合理;话不顺当合理,事情就办不成。"

老师回到卫国的时候,卫灵公已经死了,卫出公虽然年纪小,但是个拎得清的明白人,他知道自己的处境,想请孔子出来指导工作,就先派子路来探口风:"如果卫国交给老师治理,老师准备先干什么呢?"

老师的回答很简单:"先正名。"这当然是针对目前卫出公的尴尬身份说的。虽然他已经在卫君的位子上了,但外面还有位被国际社会承认了几十年的太子,也就是他爹。爹还没上位,怎么就轮到儿子了呢?这个名分问题不向国际掰扯清楚,卫国的贵族就始终会

摇摆不定，不知道站哪条队。

不过，子路没理解这茬，还说老师办事迂腐，搞那些名分干啥？气得老师恨不得拿起棍子打子路几下，骂骂咧咧地说："你就是个野人，你知道个啥。如果名分不搞清楚，他就不是正宗国君，他说的话，就不一定有人听。一国之君的话都没人听从，那他的工作还能干得下去吗？这后果是很严重的，知道吗？"名不正，则言不顺；言不顺，则事不成。这句话后来就成了历代统治者认定的铁律。

小小百科　是不是年纪大就可以自称"老夫"？

影视剧里，一些年纪大的人总喜欢自称"老夫"，听起来德高望重，但其实，并不是谁都能自称"老夫"的。

在古代，贵族成员十岁之前都叫"幼"，这时期的主要任务是学习。二十岁需要加冠了，可以参与社会活动，但相对来说他们也只是"弱"，所以叫弱冠之年。三十岁才叫壮年，这时候可以成家立业了。四十岁的人叫"强"，五十岁的人叫"艾"，都是做官的巅峰时期。所以孔子说，如果一个人四五十岁还没发达，他也就不值得别人尊敬了。

到了六十岁，就是"耆"，此时可以摆老人架子，指使其他人了。七十岁叫"老"，到了这个年纪，就可以把身上的担子全部卸掉，家族重担交给下一辈，政治上的权力还给国君。这就叫"告老"。一个大夫级别的官员，告老以后，和别人（除了国君）说话，就可以自称"老夫"了。所以，"老夫"的意思是，一个告老的大夫。如果没到这个级别，是没资格自称"老夫"的。孔子这时候以国老身份退休，在人前人后，就可以自称"老夫"了。

你让我指点，我就会指指点点

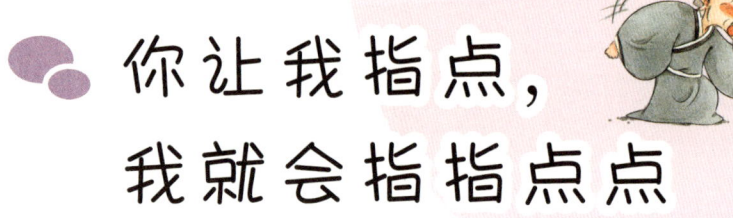

大家好，我是子夏。

我说过一句话："学而优则仕。"意思就是：学习好了，就要去做官。到鲁国后，我们很多人都在老师的推荐下做上了一方小官。我给你数数，子贡师兄跟着鲁国大夫子服景伯在鲁国搞外交，冉有师兄成了鲁国最强大的季孙氏家的管家，子游师兄当了武城（今山东省德州市武城县）的一把手，宰我和樊迟师兄也进入了季孙氏家族。就连我，也被安排在了莒（jǔ）父（今山东省日照市莒县）当父母官。

老师推荐我们的时候，并不像王婆卖瓜，只说一大堆好听的。我给你举几个例子。

比如，季康子问："子路这人怎么样？可以让他来参加政事吗？"

老师就说："子路很果敢，从政有啥不行的？"

季康子说："那子贡呢？"老师就说："子贡为人通达，从政有啥不能的？"

季康子说："冉有呢，也可以在鲁国做官吧？"老师说："冉有多才多艺，有啥不行的？"

老师从不给你肯定句，上来就是反问句，也不多说，你自己体会。

但季康子对老师的想法很感兴趣，遇到啥问题都要来请老师指点一下，也不怕老师对他指指点点。

季孙氏是鲁国最有钱的人家了，家里的财宝都可以开一座小型博物馆。春秋走到尾声的这时节，各国都有点儿乱，百姓家里穷，

民风不太好，有小偷小摸的行为。季康子很怕自己家里遭盗，为这点儿小事也来请教我老师，该怎么防范盗贼。

我老师这人一贯主张"克己复礼"，强调的是，这些掌控了天下资源的贵族要克制自己的欲望。所以，他才不给季康子出个对小偷赶尽杀绝的具体方案呢，相反他还要教季康子做人："你要是少贪点儿，欲望没那么多，家里不搞那么多金银财宝，不把百姓的钱都搜刮进自己家，你就算发红包悬赏让别人当小偷，大家也不愿意啊。"

> 季康子患盗，问于孔子。孔子对曰："苟子之不欲，虽赏之不窃。"
>
> ——《论语·颜渊篇》
>
> **释** 季康子怕小偷光顾自家，问孔子怎么办。孔子说："你自己没那么多欲望，家里不藏那么多的宝贝，你就是打赏鼓励别人当小偷，人家也不愿意冒险。"

季康子算是明白了，这才是真正的"尬聊"：你问一个问题，他给你一句让你非常尴尬的回答。诸如此类的情况还有很多，比如，季康子问怎么搞好政府工作，老师想暗指他对国君不尊敬，就故意说："政嘛，就是正，你把自己摆端正了，谁敢不正？"

不过，季康子也是个脸皮赛过城墙的，在我老师这里被怼了那么多次，还是喜欢"求羞辱"。

有一次，季康子想到一个好主意，驾着车一路奔驰进我老师家，上来就问："如果把那些垃圾人都杀掉，我们国家就都是好人了，就会变成'有道'了。国老，你看这么做行不？"

季康子本以为这次会被点赞，老夫子不是一直想把国家治理好，让世道变好嘛。可问题是，他还是太年轻，对我老师了解少，不知道他真正的主张。我老师想让世道变好，是希望通过教化的方式，有一个坏人，有一群坏人，都没关系，我们把他们教好，让他们谦虚懂礼，都变成好人，世道不就好了吗？所以，听完季康子的话，老夫子眉头一皱，还没说话呢，季康子就想，糟了，又要被怼，果不其然。老师说："你管事，哪里用得着杀人呢？你自己做好事，变成全国人民的榜样，老百姓就会跟着你做好事啊。君子的德行就像风一样，小人的德行就像草，草自己有想法吗？它们是随着风摆动的。"

好好好，你有才，你说得都对。季康子又一次带着满满的挫败感回家了。

有人说："孔丘老兄，你每天说那么多，你自己怎么不去从政做官？"

老师被问得有点儿尴尬，但很快就用智慧的大脑化解了："我偏不，我把孝顺父母、兄友弟恭，以及教人们心平气和的道理都讲给做官的人听，不就和自己参与政事一样吗？你以为非要亲自做事才算参与？"

这就是我老师退休后的生活，当鲁国的高级顾问，每天回答各种各样的问题。而且，我老师的陪聊待遇还不低哟。

子夏课堂札记

子曰:"君子和而不同,小人同而不和。"

——《论语·子路篇》

释 孔子说:"君子可以与身边的人都保持和谐融洽的关系,但对事情有自己独立的见解,不会盲目附和;小人表面上能跟别人保持一致,背地里却并不和谐。"

某天,颜回和子贡在争论一个问题,两人从温和地讨论,渐渐语调拉高。虽然还没吵起来,但你一言我一语地来来回回,感觉比打架还可怕。子路走来,想加入话题缓和一下气氛,但根本没弄清来龙去脉。冉有也是一脸懵。

宰我在一旁看到了,悠闲地找了个好位子准备围观,嘴里还碎碎念:"我有两个朋友在吵架,我劝了好半天,他们就是不肯打起来呢。"我惊了,看了宰我一眼,宰我却说:"急啥,这叫君子之争。"

有人担心他俩后面会变成意气之争,都在一个屋檐下的,这可不好看,就跑去喊老师。老师悄悄地走来,听了一阵,爽朗地一笑:

"真是君子和而不同啊。"颜回和子贡闻声也停了下来。大家聚在一起,忙问:"啥是和而不同?"

老师说:"来来来,围成圈坐近点儿,我来给你们讲讲。和而不同,就是能和谐相处,但观点却不同。我们做人就应该这样,即使是再好的朋友、兄弟,都不能盲目顺从他们的意思,得有自己的观点。这就是君子。"

师兄弟们若有所思地点了点头。老师又说:"注意,下面我要讲重点了。小人跟君子的做法正好相反,小人都是表面上跟你很和谐,相处起来从来没有矛盾,但背地里不知道说了你多少坏话,完全是另一副做派。这种人很可怕,你们要小心警惕哦。"

小小百科　都是老大,孟和伯的区别是啥?

在古代,家里兄弟的排行有"伯仲叔季"和"孟仲季"两种说法。比如,有的老大就是伯某某,而有的则叫孟某某。鲁国的孟孙氏,就是孟的代表。

古代讲究嫡庶,所谓嫡庶,意思就是,一个是大老婆生的,一个是小老婆生的。伯是嫡长,孟则表示庶长。孟孙氏的祖先叫庆父,他是鲁桓公的儿子。鲁桓公有四个儿子,老大是嫡长子,继承了大位,成了鲁庄公;老三就是后来的叔孙氏;老四季孙氏。而排行在中间的老二,本来应该是伯仲叔季里的"仲",但因为他也是庶出排行里的长子,也可以叫"孟某",所以,他家族后代就叫孟孙氏了,意思就是,孟家的孙子们。

一直到两汉时期,古人取名和字都很喜欢按这种排行的模式。说个大家都知道的人,曹操,字孟德,就是因为他是家里的庶出。所以,读早期古代史,如果看见谁叫孟某,你就可以先去排查一下他的出身。

专心搞教育

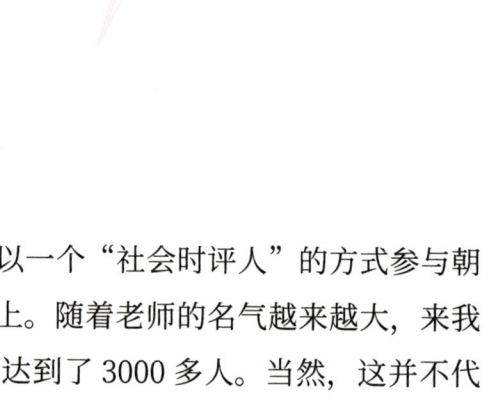

回鲁国以后，虽然老师也以一个"社会时评人"的方式参与朝政，但他的主业还是在办教育上。随着老师的名气越来越大，来我们孔门求学的人前前后后总数达到了3000多人。当然，这并不代表我老师对每一个学生都会亲自教导，那可要累死他这个年近70岁的老大爷了。很多后来入学的师弟，名义上是老师的学生，实际上都是跟着早期入学、成绩优异的师兄学习的。

有哪些人是班上的尖子生呢？

如果以分类形式搞组合成团出道，德行科的，有颜回、闵子骞、冉耕、仲弓等人；言语科的，有宰我和子贡师兄；擅长政事的，是冉有和子路师兄；最后，文学科的，子游和我是代表——不好意思，我也名列其中。这就是后人总结的"孔门十哲"，意思是我们都算得上是哲人了。

当然，除了我们十个人，还有很多师兄弟也是能独当一面的人物，很受老师欣赏。后人把他们和我们加起来，又搞了一个组合名称，叫"孔门七十二贤"。

今天，我们一起来围观一下在老师这本"生平追述录"中，出镜率不那么高的师兄弟们。

首先说闵子骞吧，他在民间其实是个"流量"人物，大家小时候一定都听说过"鞭打芦花"的故事，官方说法叫"芦衣顺母"，闵子骞就是故事的当事人。这可是上了《二十四孝》的故事。如果没听说也没关系，咱再讲一遍。

故事说闵子骞的亲妈早逝，他爹续娶了一位夫人，又生了两个孩子。后妈偏心，把所有好东西都偏向自己的两个儿子，对闵子骞很差。这个后妈，可比童话故事里明目张胆做坏事的后妈手段高多了，她既想维持和闵爸爸的关系，又得让闵子骞难受，所以，她总是偷偷摸摸搞小动作。比方说，冬天的时候，她给三兄弟都做绵衣，但亲生儿子穿的都是用绵絮做的衣服，唯独闵子骞的袄里塞的都是芦花，一点儿都不保暖，取暖基本靠"抖"。闵爸爸本来很喜欢闵子骞，但看他老是这副衰样，气不打一处来，心想：总不能冬天的寒气就"独宠"你一个人吧？闵爸爸一怒之下，抡起鞭子就打闵子骞，这一打，里面的芦花就现了出来。

这还了得？这女人是有两副面孔啊，闵爸爸很生气，后果很严重，他决定要休了这位后妻。关键时刻，还是闵子骞下跪求饶，说了一段"感动中国"的话："后妈在，只有我一个人挨冻。赶走后妈，我们兄弟三人就都要挨冻了。"不管赶走后妈后父亲会不会再娶，总之，他们仨挨冻的几率都很大。闵爸爸听了很感动，而后妈也被闵子骞的大义羞愧得无地自容，从此再也不搞区别对待了。

关于闵子骞的德行，老师曾点赞说："闵子骞是真的孝顺啊，一般情况下，爹妈都爱夸自己的娃儿。但闵子骞的爹妈和兄弟称赞他的话，天下人都不会怀疑。"

闵子骞不仅品德好，为人还很清高。季孙氏家想请他当费邑的管家的时候，他直接拒绝了，还说如果你们再骚扰我，我就拉黑你们，最后跑路隐居去了。闵子骞其实比我们很多人身份都要高贵，他是鲁闵公的后代。不过，鲁闵公去世的时候年纪很小，并没有生娃，闵子骞的祖先是从鲁国别支过继过去，专门祭祀鲁闵公这一支的。所以，虽然这么多代以后闵家也落魄了，但闵子骞作为一个享受国家义务教育的士，那股贵族的傲气还是存在的。

德行科的仲弓和冉伯牛是同族。关于他俩，老师的评价很高，说仲弓完全可以"南面"。古代的天子、诸侯接见臣子的时候，都是面向南边。所以，南面的意思是说，他的德行到了可以当一个地方诸侯的意思了。有一次，有人评价仲弓说："仲弓这个人虽然仁德，但是口才不好。"老师听完后，很不高兴，直接怼了回去："为什么偏要口才好？口才好的人同别人吵架，虽然说得快、说得多，却常常让人反感。"

> 或曰："雍也仁而不佞。"子曰："焉用佞？御人以口给，屡憎于人。不知其仁，焉用佞？"
> ——《论语·公冶长篇》

再看看和我同科的文学科代表——子游。前面说了，他跟我同时期做官，他被派去武城，我去了莒父。他在武城当权的时候，就用老师教的礼乐来教导民众，当地的百姓不仅懂礼貌，思想觉悟也一下提高了，每天一边干活一边唱歌，可快乐了。老师去看望子游的时候，正好看到这种场景，当时就惊呆了，赞了一句"吾门有偃，吾道其南"，意思是，他在南方传播我们的礼乐。所以，子游同学也被尊称为"南方夫子"。

老师对弟子的照顾，不仅体现在丰富我们的思想，提拔和推荐我们做官，以及改善我们的生活上。在情感上，他也和我们十分亲近。

我老师的一生虽然颠沛流离，但他培养出了这么多人才，和这么多有智识的人交流思想，聊天地宇宙的奥秘，谈世间的人伦和正道，他也是充实和幸福的。

子夏课堂札记

子之武城,闻弦歌之声。夫子莞尔而笑,曰:"割鸡焉用牛刀?"子游对曰:"昔者偃也闻诸夫子曰:'君子学道则爱人,小人学道则易使也。'"子曰:"二三子,偃之言是也!前言戏之耳。"
——《论语·阳货篇》

释 孔子到武城,听到管弦乐和歌唱的声音,笑着说:"杀鸡何必还要牛刀?"子游回答说:"以前我听夫子讲过:'君子学习了礼乐就能爱人,普通人学习了礼乐就好管理。'"孔子说:"你们啊,看看,言偃(子游)说得多对啊,我前面是开玩笑的。"

子游在武城当权,老师闲着没事的时候,带弟子们去"视察",刚走到武城,听到里面又是弹琴又是唱歌的,符合自己理想的追求,高兴得嘴角不自觉地上扬。但老师觉得这地方太小了,如果在整个鲁国或者天下都是这种境界,该多好啊。所以他故意跟子游开玩笑:"哎呀,治理这个小地方,哪里用得上礼乐?"接着说了句千古金句,"杀鸡焉用牛刀?"

子游受到质疑,涨红了脸急着辩解:"不是啊,以前我听老师说过,君子学习了礼乐就会爱人,老百姓学习了礼乐就会好管理。"

老师哈哈大笑,回头对身后的弟子们喊话:"弟子们,子游同学说得对呀,我刚才是跟他开玩笑的。"

小小百科 "士可杀不可辱",士为啥这么高傲?

中国有句古话叫"士可杀不可辱",从语气中可知,"士"是一种品格极高、自尊心比天高的人。

那么,士是一个什么样的群体?

西周时期实行的是封建制,就是天子把亲戚、功臣分封到各个需要管理的地方,称为诸侯;诸侯拥有百里土地,自己一双眼睛管不过来,于是也将亲戚、功臣分封到各地方上协助统治,这些人就是卿或大夫;卿大夫们的事务也很烦琐啊,他们也需要找些内亲外戚当助手,这些人就是士。所以,西周时期的社会层级大小关系是这样的:天子—诸侯—卿—大夫—士。他们都属于贵族阶级。

虽然古代也有"士农工商"的说法,但士与他们完全不是一个档次。正常情况下,农工商就是底层平民,也就是《论语》里常说的"小人",永远不可能跨越阶级成为士这样的贵族,他们之间有一条纲常鸿沟。

士的朋友圈也只有贵族阶层,他们从小要学习六艺——礼、乐、射、御、书、数。修养、学识、人脉都是社会顶级的。士必须参加打仗,这在当时并不是件倒霉事,而完全是身份的象征。可以代表国家出战,有机会建功立业,那些"农工商"想要还得不到呢。

这样全能的士,能不高傲吗?

老师也会看错人

如果说我们人类是智人，那我老师一定是智人里的变异品种——超级智人。他的智慧和智思，都是常人的 N 次方。他的大脑，就相当于后代的计算机一样，超高记忆力，超大内存，什么都只能用超级来形容。谁能不对他五体投地呢？

我也一直强调，我老师对学生的了解，就像当爹的了解自己的儿子一样，总能一针见血，非常犀利。他对我们的品性、脾气、优缺点都了如指掌，让我不得不瞎猜，他是不是在我们身上装了监控？

不过——难得有"不过"，我老师竟然也有看走眼的时候。你们一定也很想"抓住"我老师的不足吧？

尽管我老师在我们心目中都已经接近圣人了，在万古的黑夜里带领我们，指引我们方向，但说到底，他终究也只是个肉体凡胎，他的心也长在偏左的位置。所以有时候，他也有傲慢和偏见，那是对待宰我师兄。

当然，老师对宰我师兄有偏见，也真的是因为宰我师兄一开始表现得太滑头了。

比如，以前我们提过，老师在讲为父母守孝三年的课程的时候，大家都觉得很有道理呀，只有宰我师兄凭着一张巧嘴，非要跟老师辩论，说守孝三年太久了。老师气得直跺脚：宰我对父母连三年的爱都没有吗？

还有一次上课，大家都在认真听讲，就宰我师兄一个人趴在几案上睡大觉，还打呼噜，声音都盖过我们读书的声音了。老师一听，自我怀疑，难道我的课很没劲吗？我讲得很没趣味吗？他快步走到宰我面前，敲了敲他脑壳："醒醒，你这个劣徒。"

宰我师兄睡得正香呢，揉揉眼睛一脸懵。我们都知道，暴风雨要来了："你真是腐烂的木头不堪雕刻，最烂的泥巴都没法粉刷墙。对于你这样的人，我还能有啥期待和要求啊？"不得不说，老师骂人的语言艺术一直很特别。

> 宰予昼寝，子曰："朽木不可雕也，粪土之墙不可圬也，于予与何诛？"
>
> ——《论语·公冶长篇》
>
> **释** 宰予白天睡觉，孔子说："你真是腐烂的木头不能雕刻，烂泥巴不能涂墙。我对你还能有啥期待啊？"

因为多次这样的事，老师对宰我师兄的印象还能好吗？说到学生里的反面教材，老师第一个想到的一准就是他。

不过后来，宰我师兄简直让老师刮目相看。在齐国发生动乱的时候，他跑去齐国追随了齐简公。齐简公当时面临的问题和鲁国定公、哀公一样，之前的国君齐悼公被杀，国政完全被卿大夫田氏把持。宰我来到齐国，贯彻的完全是老师的政策方针，协助国君削弱贵族，和田氏斗智斗勇。这与一向被老师看好，最后因为在季氏打工，只能帮季氏搜刮钱财的冉有师兄，形成了鲜明对比。

但可惜的是，田氏在齐国耕耘了那么多代，哪里是宰我和齐简公分分钟就能扳倒的？宰我师兄和齐简公只好想了一个孤注一掷的办法，准备对田氏发布逐客令，把他们赶出齐国。可田氏轻而易举就成功反击，最终，宰我师兄被杀，齐简公夫妇也命丧黄泉。

消息传到鲁国，老师又伤心又感慨，说了一句话："以前我看一个人，听他的话就断定他是个怎么样的人。现在我看人，听他的话还要观察他的行动。这都是宰我教我的啊。"

感慨完，老师沐浴斋戒，几次跑到鲁哀公那儿，请鲁国出兵去打齐国。可鲁国哪里是齐国的对手？尽管老师再三强调，说我们这次是师出有名，齐国人臣子杀国君不得人心，我们一定可以打赢。

> 子曰:"始吾于人也,听其言而信其行;今吾于人也,听其言而观其行。于予与改是。"
>
> ——《论语·公冶长篇》
>
> **释** 孔子说:"一开始我看一个人,听他的言论就判断他是什么样的人;现在我看人,听了他说的话,还要看他的行动。我是从宰予(宰我)身上改变观点的。"

可鲁哀公还是死活不肯答应,心想:国老你这是个肉包子打狗的主意啊。

也有人私底下议论,说我老师这波操作很迷惑,明知道鲁国在齐国面前只能认怂,还要"讨伐"齐国,就像一个小学生去找大学生单挑,完全是不自量力。可是,你们都不知道,我老师是想为宰我师兄报仇呀。否则,齐悼公被杀时,老师怎么没有洗澡再洗澡,然后跑去请求出兵呢?

老师另一次看走眼,是对子羽。他的大名叫澹(tán)台灭明,因为长得太"随便"了,看着就不像好人。他想拜入老师门下的时候,老师一看他那张脸就想拒绝。但人家交得起十条腊肉,老师还是收他进门了。子羽很尊敬老师,也一直致力于修习自身素质。后来,他到楚国,在那边讲课,也吸引了300多个学生跟随,成了国际上的网红教师。

老师听说了以后,不好意思地说:"用语言判断人,我看错了宰我;凭长相判断人,我看错了子羽。"

这一次,老师真的承认自己看走眼了。

子夏课堂札记

宰我问曰:"仁者,虽告之曰:'井有仁焉。'其从之也?"子曰:"何为其然也?君子可逝也,不可陷也;可欺也,不可罔也。"

——《论语·雍也篇》

释 宰我问:"一个有仁德的人,如果别人告诉他,有个仁人掉到井底去了,他也会跟着跳下去吗?"孔子说:"为什么要这样做?君子可以到井边去救他,却不会让自己陷入险境。君子可能被欺瞒,但不能被人愚弄。"

宰我很调皮,老喜欢跟老师唱反调,还会像小明一样,故意给老师出难题,想看他怎么回答。有一次他提了个这样的问题:"一个仁德的人,如果别人告诉他,有个仁德的人掉到井下去了,他是不是也要跳下去?"

老师没好气地说："有病吧？为啥要跳下去？君子直接想办法到井边去救人就行了，不会让自己陷入井里。"末了，老师又加了一句："君子可能偶尔会被人骗，但不会被人愚弄。"这句话显然是说，你小子别再拿这种弱智问题来愚弄我了。

小小百科　古代为什么掐指一算就知道你叫什么？

前面说过，在古代，名和字是两个独立的系统，出现的场合不同，所代表的意义也不一样。但在有的时候，名和字也是互补存在的。《白虎通义》说"闻名即知其字，闻字即知其名"，所以，如果穿越到古代去算命，告诉了字，算命先生掐指一算算出你的大名，不要惊奇，不要咋呼，他是有根据的。

曹操的字孟德就是一个名和字互补的例子。操是操守，德是德行，都是表示品行的。虽然隐晦，但他的名和字完全属于互有联系的范畴。再看孙权，他字仲谋，权谋，连起来才是完整的意思。

知道这一点后，再去查看古人的名和字，就很有意思了。比如，李白字太白，不用多解释了吧？真是好白好白；孔子的弟子宰予，字子我，予也就是我的意思；写出"海上生明月，天涯共此时"的张九龄，字子寿，年龄和寿命，就是一个系统里的事。

还有，春秋时期，人们喜欢根据身上的特征取名字，有的人娘胎里出来身上就有黑色胎记，于是就有一堆叫黑臀、黑肩、黑肱等的人，但他们的字都叫"某皙"，表示白皙的意思，算是美好寄托，也是向外宣布，我们白着呢！你看，古人是不是在故意逗我们笑啊。

颜回死了

大家好,我是子夏。

所有的班级,通常都会有一个老师最爱的学生,我们班上最得老师宠爱的是谁呢?对,不是我,是颜回师兄。在小师弟曾参和他弟子们编著的记录我们师生日常聊天的《论语》里,颜回师兄的出镜率相当高,而且几乎大部分时候,老师都是在点赞他。

如果我们班上要评选一个"三好学生",只要颜回师兄在,其他人就没份儿了。

同样的,颜回师兄对老师的爱也超过了一般弟子。虽然我们每一个人都很尊敬老师,但都表现得不如颜回师兄。只要是老师说的,他都当作是圣旨,从来不会质疑。也因此,老师一开始还误解他,说："这个颜回啊，是个对我没啥助益的人。我说的话，他从来没有反驳过。"有时候，一个高级的思想，也需要经过和他人的碰撞交流才能升华。因为颜回师兄总是疯狂地记笔记，从来没啥意见，老师还以为他就是个十足的书呆子，虽然好学，但不会有啥创新。

谁知道，第一次见面虽然不太顺眼，后来他竟一跃成了老师心中的全班第一。

老师是怎么对他改观的呢？他太热爱学习了！不仅热爱学习，而且还为人低调不浮躁，安贫乐道这个词就像是为他量身定做的。老师对他有一句著名的评论：颜回真是一个贤人啊，一竹篮饭，一瓢水，居住环境简陋得像贫民窟，别人都忍受不了这种穷苦，但颜回无所谓，他在这里依然好学，非常地快乐。

> 子曰："贤哉回也！一箪食，一瓢饮，在陋巷，人不堪其忧，回也不改其乐。贤哉，回也！"
> ——《论语·雍也篇》

还记得子贡师兄有一次问老师："一个人有钱的时候不骄傲，穷的时候也不谄媚，这人咋样呢？"子贡师兄是在疯狂暗示自己，希望老师夸夸他。结果老师说："还可以吧，但还不如穷的时候也很快乐，有钱的时候却讲礼的人。"没错，老师说的就是颜回师兄。

在老师心中，做人的最高标准就是"仁"。这个评价，他也大方地给了颜回师兄。他表示，只有颜回师兄可以长久地做到"仁"，其他弟子只是有时候做到，但最多一两个月就要破功了，真是无奈呢。

除了这些，老师还点名夸奖过颜回师兄无数次，比如什么"听我说话毫不懈怠的，就只有颜回吧"，"颜回这个人呢，我只看见他不断地向前进，从没见他停止过"……

老师对颜回师兄，简直比对自己亲生儿子还上心。我们都知道，老师是把他当接班人培养的，在他身上寄予了无尽的厚望。老师晚年整理的书籍，基本都是颜回师兄在抄录。而他也足够刻苦，经常一工作，饭都忘了吃。

可惜的是，大概是因为压力太大、太辛苦了，颜回师兄年纪轻轻头发就白了一大半，身体也不太好。就在老师70岁，自诩可以"从

颜回死了

心所欲，不逾矩"的这年，颜回师兄这么信守承诺的人，竟然背弃了当初"老师还在，我怎么敢死"的诺言，病死了。颜家报丧的消息传来，老师简直感觉如天崩地裂，拄着拐杖颤巍巍地走出去，仰天长啸："老天这是要我的命啊，老天这是要我的命啊！"

一连好几天，老师眼泪都没干过，睡着了眼角都挂着泪，再也不是那个可以"从心所欲，不逾矩"的潇洒老先生。弟子们劝他，您也哭得太伤心了，当心自己的身体吧。老师像说给自己听，又像说给大家听："我太悲伤了吗？不为颜回这样的人悲伤，还为谁悲伤啊？"

再说个残忍的，就在颜回师兄去世的前一年，老师唯一的儿子孔鲤也去世了。这接连的打击，对一个古稀老人来说，真是太过残酷了。

人老了，因为来日无多，就喜欢回忆从前。老师甚至想到了在陈、蔡绝粮那段最艰难的日子，一回忆起来就忍不住老泪纵横："当初跟我一起在陈、蔡流亡的人，现在都不在我身边了。"当初虽然苦，可弟子们都在身边，而现在这种寂寥感，真让人无望。

颜回师兄走后，老师精神支柱崩塌，常常一个人靠着门久久不说话，整个人颓废了很多，身体状况也越来越差了。接下来的日子，无论是逢年过节，还是普普通通的一天，对他来说都很平常，他再也提不起什么精神了。

子夏课堂札记

子谓子贡曰:"女与回也孰愈?"对曰:"赐也何敢望回?回也闻一以知十,赐也闻一以知二。"子曰:"弗如也,吾与女,弗如也!"
——《论语·公冶长篇》

释 孔子对子贡说:"你觉得你和颜回谁更优秀?"子贡说:"我哪里敢跟颜回比啊。颜回知道了一个道理就能推演到十个,我只能推出两个。"孔子说:"嗯,你是不如啊,我跟你都不如他。"

孔门弟子里,论才能算子贡和冉有最出色,但在学问方面,老师最喜欢颜回。有一次,老师逮着子贡问:"你觉得你跟颜回谁比较优秀?"

子贡一听,嚯,这题是个陷阱啊,赶紧谦虚地说:"我怎么敢跟颜回比啊?颜回听说了一就能推算出十,我只能从一推到二。"本

以为，念在自己这么低调谦虚的份上，老师也要夸一夸自己的品德良好，谁知道老师毫不客气地说："说得对！我同意你说的，你就是不如他！"子贡撇撇嘴，心里憋得慌。随后老师又补了一句："我和你都不如他。"子贡这才多少心宽了一些。

小小百科　你知道古人的新年并不都在正月吗？

过年是腊月三十，一年的初始就是正月初一，这是个我们都知道的常识。但是在古代，新年可并不都在正月。

有的时代以十月作为新年的开始，也就是说，他们九月底就要过年了；有的朝代又以十一月作为一年的开始……是不是很乱？

这是因为，历朝历代用的历法是不一样的。商朝人的殷历"建丑"，所以以"丑月"，也就是每年的十二月为一年的开始。周朝人"建子"，就以"子月"，也就是每年的十一月为一年的开始。孔子的时代，用的就是以十一月为一年的开始，所以，他们十月底就要过年了。

那么，我们现在正月初一迎新年的习俗，是什么时候开始的呢？

秦朝的时候，用的是《颛顼（zhuān xū）历》，《颛顼历》以十月作为年初，到汉朝初期，还是沿用《颛顼历》，但到了汉武帝那会儿，大家发现，以《颛顼历》过日子越来越不正确了，历法跟季节错乱了很多。所以，汉朝人在《颛顼历》的基础上推演出了更精准的《太初历》，《太初历》就是十二月辞旧，正月开始迎新。

重病在身的孔子

准时报到的还是我——子夏。

这次先给大家讲一个很久以前和子路师兄有关的故事。子路师兄应该是我们师兄弟中胆子最大的，一向给人天不怕地不怕的感觉，但是没想到他也有害怕的东西。有一次，他问老师："这个世界上到底有没有鬼神呀？我最近晚上睡觉，总梦见不好的东西，是不是应该祭祀一下鬼神呀？"听他这么一问，我立刻感觉背脊发凉，直冒虚汗。再看看一些胆小的师兄弟，脸都白了，生怕老师会回答有。只见老师捋了捋胡子，说道："子路呀，你晚上做噩梦，都是因为你白天总是胡思乱想，打这个杀那个的。有时间多侍奉父母，祭祀什么鬼神呀。"听完老师的话，子路师兄还是疑惑，继续问道："那死是怎么回事，人死了是不是就变成鬼了？"老师听他那么问，立刻回答说："生的道理你还没弄明白，怎么能懂得死的事呢？"听老师这么说，子路便不再说话了。

> 季路问事鬼神，子曰："未能事人，焉能事鬼？"
> 曰："敢问死。"曰："未知生，焉知死？"
> ——《论语·先进篇》

虽然老师不爱谈论死的事情，但是死亡却不断地来到老师面前，师娘、孔鲤师兄、颜回师兄一个个先后辞世，让老师不得不面对这个问题。

此时的老师年纪已经很大了。人老了以后，身体好不好，有时候就靠精气神提着。作为一个苦闷了大半生，也饱尝了生离之苦的人，我老师的心理承受能力本来早就修到顶级了，什么暴击他都能平静回应。但当残酷的死别相继来敲门，还是让他瞬间丧失了求生欲，感觉生无可恋。

生活不断地向他下手，压弯了他的腰，佝偻了他的背，最后还不忘加上一顶千斤锤，他已经完全承受不起了，整天一言不发。

子贡师兄来看望老师。他见过老师意气风发的时候，所以看到老师现在这种消极的态度和瘦弱的身子骨，心里特别担忧。子贡师兄做了一个决定，群发信息让师兄弟们把手头的事都放放，回来陪陪老师。我们离得近的回来得比较快，子路师兄当时还在卫国，快马加鞭赶了几天，也回来了。

虽然大家都围在老师身边，但看他的精神面貌真的很不好。没多久，老师就病倒了，昏迷不醒，吃饭喝水都很困难。面对这种情况,大家都有点儿束手无策,还是子路师兄说:"虽然咱出的是个馊主意,但还是试试吧,我们要不为老师向鬼神祈祷祈祷?"大家都没啥好办法,就同意了。

没想到几天后,老师果然醒了。弟子们很兴奋,纷纷说得感谢子路师兄,是他向鬼神祈祷得好。老师转头问子路:"有这回事?"

子路师兄一脸受到夸奖似的不好意思,憨憨地说:"嘿嘿,对。"老师听了以后,没什么表情,只说了一句:"我早就祈祷过了。"

子贡师兄见老师这么说,随即开了个玩笑:"我知道,老师还有很多事没做完,也在向鬼神祈祷再活五百年呢!"说完,大家都发出了笑声。

不过,我们也心知肚明,老师的身体确实出了大问题。

这次病情好转后不久,老师又一次陷入了重度昏迷,一连几天粒米未进。弟子们都在背后议论,看来老师这次真的熬不过去了。于是,大家又请年龄最大的子路师兄拿主意。子路师兄眉毛拧在一起,一脸愁苦地说:"看来,我们应该准备老师的后事了。"

大家心里其实都有准备，但听到这句话，还是不免咯噔一下。

接着，子路师兄就着手为老师准备后事了。作为师兄弟里面的土豪，子贡师兄包揽了全部费用，让子路师兄放手大办。子路师兄忽然提议，老师虽然现在没官位在身，但曾经做过代理国相，完全可以按大夫级别来操办葬礼。

大夫级别有些什么讲究呢？

首先，葬礼加起来要操办三个月；其次，大夫家里都有家臣，由管家操持家主的葬礼。所以，子路师兄让大家在师兄弟里推选一个人出来充当家臣。

正当大家在这边忙着筹备丧事，卧室里居然传出微弱的声音："弟子们……"嗯？这不是唐僧在呼唤，这是我们的老师呀。大家纷纷化身飞毛腿，一个健步狂奔到老师跟前。看到老师睁大的双眼，有人惊呼，有人狂喜，有人偷偷抹眼泪。也许老天爷都不想收走老师，老师休顿了几天，气色竟然恢复了一些。

听说子路师兄在选家臣准备后事，老师脸黑了下来，一口气说了很多话："子路啊，你这人就喜欢搞这些弄虚作假的事情。我没有家臣，你找人冒充家臣，这是骗谁？骗老天吗？我为什么要在家臣的侍奉下入土？在你们的陪伴下入土不好吗？你们不会让我入土为安吗？总不可能把我丢在路上吧？"

老师骂得这么带劲，没有一个人听得不耐烦，大家都笑嘻嘻地看着，只有子路师兄憋红了脸，默默地说了一句："好啊，老师还能大嗓门骂我，看来是好多了，骂得好！求骂！"

扑哧，老师也不由得被逗乐了。

老师一天天好起来，虽然也舍不得我们，但还是叮嘱我们正事要紧，赶我们回去工作。大家见老师没什么大碍，也就纷纷告别，各自回归工作岗位去了。

子夏课堂札记

子曰:"予欲无言。"子贡曰:"子如不言,则小子何述焉?"子曰:"天何言哉?四时行焉,百物生焉,天何言哉?"

——《论语·阳货篇》

释 孔子说:"我不想说话了。"子贡说:"老师您要是不说话了,我们这帮人可怎么办,我们学什么,怎么传达您的思想?"孔子说:"天什么时候说过话?但它让四季轮回,万物生生不息,天有说话吗?"

颜回等人去世后,老师每天都是低落的情绪,变得不太爱说话,好像提不起兴趣对弟子们谆谆教诲了。他喜欢坐在门口抬头看天,好像通灵了一样,只愿意跟天交流。

有一回,子贡忙完活赶来鲁国看老师。久别重逢,结果老师还是话不多。子贡最擅长把气氛搞起来,怕老师什么都闷在心里容易抑郁,他就想继续找话题。谁知道,老师看着他眉飞色舞的样子,心想:你能不要再尬聊了吗?不耐烦地说:"我不想说话了。"

子贡也不尴尬，继续引导："老师，您怎么能不说话呢？您要是不说了，让我们这些弟子还学些什么，还怎么传达您的思想啊。"

老师还是望着天，也不看子贡，像自言自语："天说什么了吗？四季照常轮转，万物照样生长，天又说啥了？"他想淡化自己的存在，他觉得自己说不说什么，甚至这个世界有没有自己，都没啥关系了。地球缺了谁都是一样转。

小小百科

最早的"尸"其实是活人，而且作用很大。你知道吗？

尸位素餐，中小学生都知道是拿来骂人的，而且被骂的主角大部分还是官员。

这个成语的意思是，尸作为死者躯体的代称，在社会上本来是没有"位"的，但尸却占了个位，还要吃饭，意思是说不能干活、毫无社会贡献的"死人"，还要跑出来占社会资源，跟活着的人抢东西吃，白吃不干活，是用来骂那些不作为的官员的。

这里是尖锐地把他们比作死人、废物，但其实，一开始的"尸"并不是死人的躯体，而是地地道道的活人。在先秦，"屍"才是代指死者的遗体。当时，"尸"是一个工具人，而且作用很大，是古代祭祀时候的刚需人物。

按周朝礼仪，人死之后的追悼会上，有一场祭祀仪式。这场仪式上，就必须有"尸"。"尸"要扮演被祭祀的"祖宗"，因为古人觉得没有祭祀"本体"存在不太忍心，只有找人扮上，看他仿佛还活着，还能接受大家祭祀的食物，才叫子孙的心意被先人领受了。

"尸"的人选也不是随随便便找的，必须是死者的孙辈。假如一个家庭的当家人死了，儿子要主持丧礼大事，就要选一个孙子辈的出来充当"受祭人"。当这个人被选为"尸"以后，哪怕你是他爸爸，都得把他当祖宗一样慎重恭敬地对待。所以，那时候的"尸"，可是祖宗呢。

子路死了

大家好,我是子夏。这两年,伤感的话题有些多。随着老师从青年变成老年,离别的事几乎随时都会上演。不过,我们都没想到,向来身强体壮,号称能徒手打老虎的子路师兄,竟然走得比老师还早。

子路师兄是入门较早的弟子之一,他比老师只小9岁,相处的时间最长,两人既像师徒,也像老友。因为太熟了,子路师兄又是个糙汉子,老师平时最喜欢欺负他,对他的敲打最多。日常如果班上的气氛沉闷了,老师就拿他开开玩笑。这种场景,相信大家也见了很多次了。每当惹得弟子们哄堂大笑的时候,子路师兄也不觉得尴尬,反而跟着大家一起没心没肺地大笑。他就像我们班上的开心果、吉祥物,只要他在场,大嗓门一喊,基本上自带主角光环。

自从上次分别,我们也很久没见到子路师兄了。他被卫国请去,工作忙,只偶尔找到机会出差,才能来看望一下师兄弟们。没有他的日子,大家真是少了很多乐趣。

说起来,关于子路师兄的死,之前是有征兆的,老师也早就预言过他也许不得好死。这当然不是个诅咒。只是,子路师兄为人太过刚毅,遇到事情只管往前冲,不懂退缩,而太刚强的东西总是容易被折断的。正所谓"峣(yáo)峣者易折,皎皎者易污"。

我们还是来看看,子路师兄到底是如何把自己的性命搞丢的吧。

前面说过,对于子路师兄去卫国做官,老师其实不太赞成。卫国那会儿就是一个"危邦"和"乱邦",卫国的老太子蒯聩和小国君卫出公之间迟早要爆发一场夺位战争。可是,子路师兄自己想接这个活,也许当初流亡在外的他在心里默默许过心愿,等在卫国闯出名堂以后,就迎接老师过去,让老师大展拳脚,实现自己的抱负和理想。

结果,卫国的后续发展果然不出老师所

料。蒯聩太子刺杀南子失败后，逃亡去了晋国的赵简子家里。而这几年，卫国和齐、鲁、郑等国联盟，一起对抗晋国，晋国自然也不想卫国有好日子过。如果非要给卫国立一个国君，自然是亲近晋国的更好。所以，晋国是支持蒯聩回国的。

不过，蒯聩反攻卫国的事也不顺利，磕磕碰碰持续了好几年，到公元前480年的时候，终于成功了。事情是这样的，蒯聩联络了国内的亲姐姐伯姬，希望她协助自己即位，赶跑儿子。刚好，伯姬在国内还有点儿权势，因为她儿子是当下卫国的执政大臣孔悝（kuī），就是孔文子的儿子。伯姬把蒯聩接回来藏在家里，又找人拿着刀叉威胁儿子孔悝，让孔悝送舅舅进宫。好家伙，卫国这对姐弟，玩的都是坑儿子的游戏。

孔悝这边被绑架了，那边有人偷摸溜出去告诉了子路师兄。子路师兄在卫国的工作就是孔家给的，所以他立刻就抄起家伙准备赶去孔府救驾。子路师兄往城里走，迎面恰好碰到了刚从孔家逃出来的子羔师兄。子羔践行的是老师教的"有危险就快跑"的原则，忙劝子路师兄也别去蹚浑水。可性格决定命运，子路师兄是个多讲义气和忠诚的人啊。他表示，吃了别人的饭，关键时刻怎么能不为别人办事呢？于是非要做逆行者，一路赶往孔府。

来到孔府门口，看门的公孙敢是个好人，紧闭大门不让子路师兄进去，说一切已成定局。可子路师兄是个拗脾气，又是老一套说辞，吃了别人的饭……公孙敢还是不给开门。最终，子路师兄趁别人出门办事的间隙，偷偷溜进去了。

进了门，战斗就将开始。蒯聩派人攻击子路师兄，双方扭打在一起。最终，毕竟子路师兄也是个60多岁的老人了，体力大不如从前，很快就被击中了。死前，他捡起被击落在地上的帽子，重新戴好，说："君子死，帽子不能掉。"这才倒地而死。因为老师一直希望他能做一个真正的君子。

子路师兄的死讯还没有传来的时候,远在鲁国的我们先听到了卫国内乱的消息,老师当时就慌了,喃喃自语:"子羔可能会回来,子路应该会死在那里。"老师真的太了解子路师兄了,他们毕竟相处了大半生。

从前那些与子路师兄相处的画面排山倒海般袭来:他的神情,他的语言,他的一举一动。他一直就是这么果断和勇敢,这个结局才符合他的个性。老师也唯有感叹一句:壮哉!子路。

子夏课堂札记

子曰："过而不改，是谓过矣。" ——《论语·卫灵公篇》

释 孔子说："有了过错而不改正，这才是真的过错。"

子贡曰："君子之过也，如日月之食焉。过也，人皆见之；更也，人皆仰之。" ——《论语·子张篇》

释 子贡说："君子做错了事，就像日食月食一样明显，每个人都会看见。但如果改正了，每个人也都会敬仰他。"

在老师的教育下，孔门弟子都很热心，有道德，有正义感。有一次，子贡师兄在外国做生意，看见有一个鲁国人被当奴隶买卖，子贡师兄立刻自掏腰包替他赎了身，送回了鲁国。鲁国人说要给子贡奖励，他却一直推让，没有接受。

过了一段时间，子路师兄在郊外散步，看见有人落水了，连忙跳下水把人救了上来，送回了家。那家人为表感谢，送了子路一头牛，子路也不客气，爽快地收下了。

老师把两人的故事讲给我们听，问大家，谁做得对。大家都说，两人都没错呀。老师却说："子贡错了。"

大家都疑惑不解，只听老师说道："子贡如果领了奖励，是不会损害自己的品行的。但他不领却会形成一种恶习：既然没奖励，以后大家都不会为别人出力了。而子路这么做却会让人效仿。"

子贡有点儿不服，小声嘟囔道："我不贪财，怎么还不对了？子路虽然没错，但显然我更高风亮节啊。"见子贡嘟囔，老师补充了一句："错了而不改，那才叫真正的错啊。"

子贡这下理解了老师的深意，便说："君子做错事，就像发生日食月食一样，每个人都看得见，改正了大家就会敬仰他。我是君子，我改正！"

小小百科　子路死前为什么一定要戴好帽子？

在古代，帽子有着很重要的作用，尤其是对一个成年男子来说更是如此，因为帽子代表着这名男子的身份。

前面讲过，古时候的帽子叫作冠，一个男子成年的重要标志就是行冠礼。行冠礼后，大人就再也不能把他当小孩看待，对他指指点点了。

不过，并不所有成年男子行冠礼时都可以戴冠，因为冠还代表这名男子的身份。按照古时的礼仪要求，士大夫以上阶层的成年男子在公开场合必须戴冠，而平民百姓只能戴帻（zé），也就是包一块头巾。

在公共场合，冠是绝对不能随便摘下来的，否则就会被认为是不礼貌的行为。除此之外，士大夫以上阶层的男子只有在屈服于他人或者自认有罪的情况下，才会摘下冠。冠不仅是他们身份的象征，也是他们尊严的象征。

正是因为这些原因，子路才会对冠看得格外重，临死前必须要把帽子扶正。

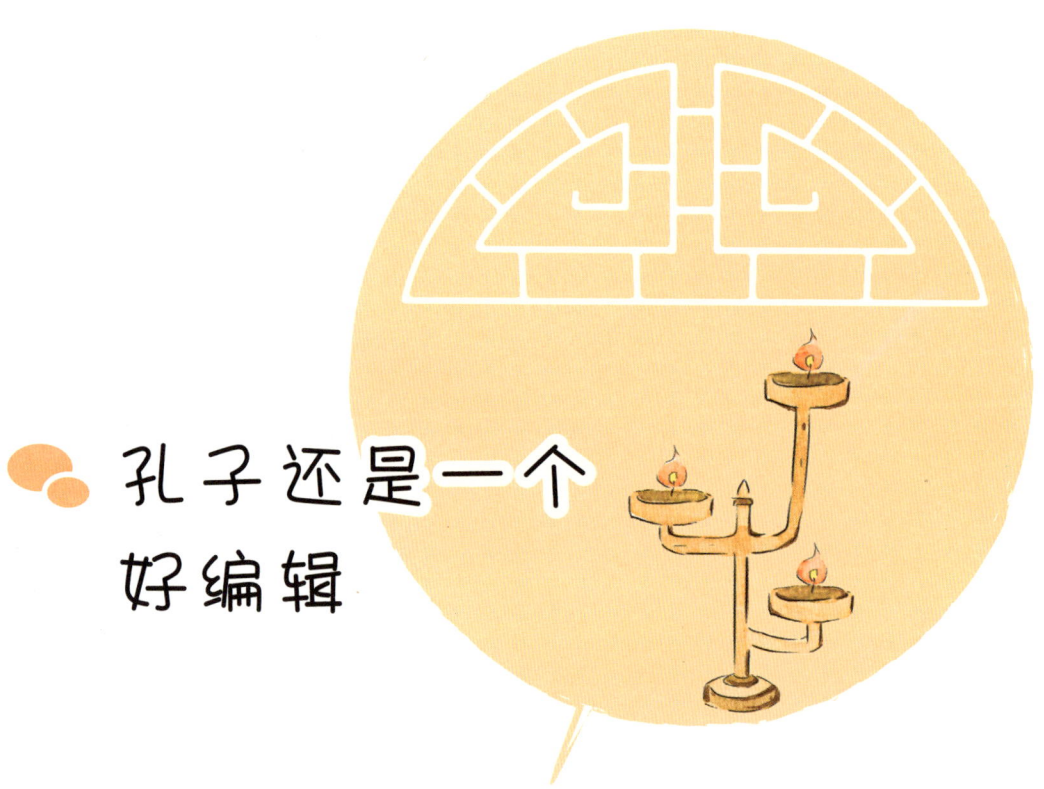

孔子还是一个好编辑

大家好，我是子夏。今天，由我发起的"孔子人生旅行团"来到了倒数第二站，请大家坐稳继续参观。

晚年闲暇的时候，我老师把主要精力放在了编辑工作上。

他最关注的还是礼乐方面。自从周朝中央躺平以后，逐渐淡出了大家的视野，他们也没空搞什么礼乐制度了，有的史官没活干了，就裸辞跑到诸侯国里去生活。我老师见到这些情况很痛心，再翻看古代留下来的文献，内容都不齐全了。为此，他立了一个小目标，要重新整理周朝的典章制度，特别是经典的"六经"。

什么，不是"四书五经"吗？"五经"是《诗》《书》《礼》《易》《春秋》呀，"六经"是啥？和"五经"相比，多了哪一经呢？别急，看下去就知道了。

首先,我老师整理了《礼》和《尚书》方面的资料,从夏商周开始讲起。不过,这里面其实存在一个无法解决的难题,因为夏商离我们现在太远了,很多制度我们都只是道听途说,没法证实。就像前面说的,杞国是夏朝的后代,但他们那儿也没有多少文献能证明夏朝的制度;宋国是商人的后代,他们也没有保留多少商人的文明。所以,尽管《礼经》和《书经》成了,却没法得到佐证。

然后,我老师又整理了《乐经》。吃饭的时候听音乐,是贵族的标配,而音乐的力量是无穷的,就像我们后代的小老弟荀子说的,音乐是很能感染、感化人的。如果乐正了,人就容易端正了。而我老师就是要通过整理乐,来达到让大家端正心灵的效果。不过,音乐的乐谱没法通过文字完整记录,在流传过程中,它又慢慢和我们走丢了。"六经"里缺的,就是《乐经》。

接着,我老师又启动了《诗经》项目。《诗经》的编辑工作,其

> 子曰："兴于《诗》，立于礼，成于乐。"
> ——《论语·泰伯篇》
>
> 释 孔子说："人的修养从学习《诗》开始，再用礼作为立身的基础，最后大成，要经过音乐的洗礼。"

实就是删减工作。

《诗经》本来就是存在的，这是周朝人留下来的资料。周朝有去各国采集诗歌的官，说是采诗歌，其实就是看看各地民风。因为我们这会儿的老百姓一个个堪比八卦娱记，遇到什么都喜欢通过朗朗上口的歌曲唱出来，比如对统治者的不满，发生了某件丑闻和某个喜讯等，他们都能自己作词编曲，唱满大街小巷。采诗官做的，就是把他们口里念的说的都编辑成册，留存作为历史档案。

所以，我老师看到的《诗经》，内容其实是相当庞杂的，很多重复的歌在里面，也有些内容不太完整和不健康。我老师眉头一皱，大手一挥，砍掉了很多，再把剩余的修订成了三百篇的《诗经》。

晚年的时候，我老师又迷上了《易经》，天天翻看，以致把编穿书简的牛皮绳子都弄断了几次，也因此创造了一个成语，叫"韦编三绝"。但可惜的是，《易经》太博大精深了，作为一个古稀老人，眼看来日无多，我老师也只能无奈地感慨，如果上天再给他一点儿时间，他就能充分读懂《易经》了。

最后，我老师最经典的"作品"，还得算《春秋》。这是鲁国的史书，由历代史官记录。我老师所做的，就是在文字上加以润色，也就是修改词句的工作。因为我老师动过笔，导致后来好多人研究《春秋》，说其中有"微言大义"，意思就是，我老师所修改的一个微小的词句，可能就蕴含了很大的道理，一字一句都有褒贬，或者有隐藏的历史信息。

研究《春秋》最出名的，有三部作品，一部叫《左氏春秋》，一部叫《谷梁春秋》，还有一部叫《公羊春秋》。嘿嘿，不瞒大伙说，这三部书其实是我受魏文侯邀请去魏国定居后，和我的弟子们编纂的。我也算紧追老师的脚步了。不信你们可以去考证。

说起来，我老师的这六部作品，其实都不是他自己独立创作的，按后人的版权法，署名权完全不应该是他。就像我老师自己说的，他是"述而不作"，并没有创作的部分。所以，他只能算是一个编辑，而不是一个作者。

但是，一个好编辑也并不比作者的光芒逊色多少。毕竟，中

> 子曰："《诗》三百，一言以蔽之，曰：'思无邪'。"
> ——《论语·为政篇》
>
> **释** 孔子说："《诗经》三百篇可以用一句话概括它，就是情思深深，却没有邪念。"

国历史微弱的文脉，很多时候就是由那些好编辑小心翼翼呵护出来的。我老师整理文化编纂的"六经"，指导中国文明几千年。这个伟大的贡献，我还要再疯狂暗示吗？愣着干啥，鼓掌呀！

子夏课堂札记

子贡问曰:"有一言而可以终身行之者乎?"子曰:"其恕乎!己所不欲,勿施于人。"

——《论语·卫灵公篇》

释 子贡问:"有没有一句话可以终身奉行的呢?"孔子说:"那就是'恕'吧!自己不愿意的,不要强加到别人身上。"

为了让大家进步,老师经常挑出各个学生的毛病,一会儿一个大道理,说得大家晕乎乎,不知道遵守哪条才是君子。有一回,没耐心的子贡跑去问老师:"老师,到底有没有什么话是我们可以终身都奉行的?"老师说:"那可能就是'恕'吧!用仁爱的心对待别人,自己的想法不要强加给别人,自己不乐意的也不强加到别人身上。"

子贡说:"这简单啊,我就不愿意别人把事情强加在我的身上,我也不愿把事情强加在别人身上。"老师想起子贡特别热心的时候,看见什么好东西都要给师兄弟们强行推荐,虽说这不是什么坏事,但他这个强烈的分享欲,有时候也可能会造成其他弟子的困扰。于是,老师打击道:"子贡呀,你说得好听,你可做不到哟。"

> **小小百科**

杞人为什么忧天呢？

《列子》里写了一个杞国人，闲着无事就喜欢抬头望天，然后开始担心天会崩塌，担心到焦虑症爆发。谁知道，一个成语，让杞国一炮走红。

尽管古人对宇宙了解得并不多，但他们仍然坚信，天是不会塌下来的，所以，杞国人被嘲笑了几千年，甚至成了瞎操心的代表。人们骂那些担心不切实际事情的人时，"杞人忧天"就是出镜率最高的成语。

其实杞国人的担心是有道理的，因为，他们确确实实经历过天塌地陷的"末日"现场。

杞国人是夏朝大禹的后代。周武王灭商朝后，杞国最早被封到了河南杞县，西周末期迁到了山东境内。就在这里，杞国人遇到了这场"天劫"。

有一年夏天的某个夜晚，没啥夜生活的杞国人都准备睡觉了。忽然，夜空亮得跟白天一样，一场流星雨疯狂砸来（后来天文学家推算出来，这次流星雨是天琴座流星雨）。因为这场流星雨下得密集如雨，对天体现象不甚了解的古人吓出一身冷汗，纷纷认为是天塌了，才导致"星陨如雨"。

流星雨过后，大部分国家恢复了日常秩序，唯独最佳观赏地的杞国人始终忘不了这次"天塌"的警示。其他陨星能掉，难道头顶上的太阳、月亮就不会落下来吗？天就不会再重新与地合为一个奇点吗？杞国人无限扩散地想，因此才会相信，天可能真的会塌下来呀。

看！真的有麒麟

　　春梦秋云，聚散真容易。我是子夏。

　　两年前，鲁国一帮大贵族闲着没事，跑到西边去打猎。叔孙氏的家臣打到一头奇怪的动物，叔孙氏觉得很不吉利，随手就赏给了这片森林的主人。回去后，大家还是叽叽喳喳谈论这个不认识的动物。好奇不仅害死猫，还害得我老师要跋涉。老师听说了以后，非要去瞧瞧这是啥动物，万一自己认识呢？

　　到了山里，我老师前前后后端详了一会儿，最终确定，它就是瑞兽麒麟。啥？麒麟不是传说中的动物吗？其实，它应该是一种鹿属动物，看这俩字的偏旁就知道了。当然，我也没亲眼见过麒麟，老师看到的那头麒麟到底是啥品种的鹿，是无法再考证了。

我老师有时候有些迷信，总认为世界上发生的一切都是有预兆的。所以，当看到麒麟出现，想想自己的身体状况，他觉得自己这辈子就这样了，于是就把编写《春秋》的活给停了。

第二年，从卫国传来子路师兄惨死的消息，老师难过得几乎每天只能瘫在床上熬日子，晨昏颠倒，浑浑噩噩。

转眼间，又过了一年，到了公元前479年的四月初四。一大早，老师突然来了点儿精神，想下地走走。因为昨晚他做了一个梦，梦见自己坐在两个大柱子中间受人祭奠。醒了以后，他预感自己将不久于人世。这个世界虽然不太好，真的要离开，还是舍不得。

弟子们告诉老师，子贡师兄出差回到鲁国，马上就要来看望他。老师就挂着拐杖，站在门口来回踱步，眼光一直瞟向路的尽头。终于，路那边有一个人影出现了，子贡师兄看见老师站在门口，几乎是狂奔着来到他面前。就这样，老师还是忍不住埋怨："子贡呀，你怎么来得这么迟？"因为，以他现在的身体条件，站那么久还真是有点儿累呢。

老师看着子贡师兄，颤巍巍地说："泰山要倒了，梁柱要断了，哲人要死了！"说完，眼泪就不争气地流了下来。子贡师兄刚

想安慰他，他就把昨晚那个预示的梦说了出来。按老师的推想，他的生命大概是走不出四月了。

听老师这么说，子贡师兄也不敢离开了，就一直陪在老师身边，又把散作满天星的师兄弟们全部召集了回来。我们大家围在老师身边，开启了回忆模式。大家回忆了自己刚进学校那天，老师的第一句教诲，老师第一次关注到自己，老师推荐我们做官，以及周游列国时大家的窘迫……说着说着，一群大男人集体热泪盈眶。

在我们的陪伴下，七天后，老师果真挥一挥衣袖，不带走一片云彩了。这一天，是公元前479年四月十一日。鲁国用的是鲁历，和后来的阴历、阳历都不一样，我换算了一下，我老师去世这年的四月十一，是你们阴历的二月十一，阳历的3月9日。

不知不觉，我们已经游历完了我老师73年的人生。

我们受老师的教诲多年，每个人都把他当成了自己的亲爹，出钱出力要为老师办一场盛大的葬礼。当然，老师的葬礼也必须隆重热闹。因为，作为全世界最懂礼仪的一群人，我们如何操办老师的身后事，这几乎是世界瞩目的。大家都很想看一次真正有完整仪式的葬礼。所以，老师入土那天，鲁国几乎是万人空巷，街头巷尾的乡亲们十里相送。办完丧事，我们都像对血亲一样，为老师守孝了三年。子贡师兄最长情，当然，他也最有闲，不需要为生计操劳，所以等我们大家各自为肚皮去忙了以后，他搬到了老师坟墓前，又继续守护了三年。

别人都认为我们这些学生很讲情义，其实，人和人相处，感情必须是相互的和对等的，我们的情义，照映出来的是我们的老师值得我们这么做呀。

让我们没想到的是，老师走后，竟然有了对他不利的流言。有人说，孔丘也不过就这样而已。叔孙氏的家长还在公开场合表示，我老师还不如子贡师兄有能力，因为这些年鲁国的外交几乎都是子贡师兄在奔忙，没让鲁国吃一点儿亏，也没让比我们拳头大的国家为难我们。所以鲁国上层就认为，子贡工作能力太强了。

跟子贡师兄搭档搞外交的子服景伯把这话告诉了他。子贡师兄一听，夸我可以，请玩命地夸，但不能拉踩我老师啊，马上反驳说："他知道啥啊？我打个比方说吧，如果说我们都是一面墙，我的这面墙才到大家的肩膀，所以他们一眼就能看见我家里的摆设、家具好不好。但我老师这面墙，那是有好几十尺高的，这些七尺身高的人入不了门，就看不到我老师的内在有多壮观。能入我师门的人太少了，所以叔孙大夫才有这个印象。这不是我老师不行，是他不行啊。"

现在，曲阜孔庙外墙的城墙上雕刻着"万仞宫墙"四个大字，就是依据这儿来的。一仞是春秋时候的八尺，万仞，你数数看，我老师的知识有多高深。对了，"万仞宫墙"这四个字，还是喜欢盖章的乾隆皇帝亲笔写的。他这幅字，也像盖章一样，覆盖了别人的笔墨——一开始，这幅字是明朝的山东巡抚胡缵宗题的。

后来，又有人说子贡师兄比老师厉害。子贡师兄简直火了，小丑竟在我身边？开启了怼人模式："我说有些人，说话经过大脑好吗？不然，话说出来之前话是你的奴隶，话说出来之后你就是话的奴隶了，一句话我就能看到你们智商着急了。"子贡师兄真是个狠人，狠起来连自己都贬。

当然，别以为这只是我们做学生的吹捧老师。如果你们认为我们都算很厉害的人，那么我们这么多厉害的人都敬佩的人，不原地封神都很难收场啊。生命会死亡，王朝会衰败，唯有我老师的思想永世不衰。即使你不读《论语》，不专门了解他，你仍摆脱不了他的影响。他的思想已经植入了每一个中国人的基因里。

套用一句话，中国有孔子，真了不起！

子夏课堂札记

子曰:"躬自厚而薄责于人,则远怨矣。"

——《论语·卫灵公篇》

释 孔子说:"人要能够自我反省,多责备自己而少责备别人,那就可以避免别人的怨恨了。"

跟老师学习了以后,子路就很喜欢挑别人的错,以表示自己很懂礼,学得很不错。有一次,子路看见有个服丧的人早上刚把三年之孝守完,把丧服脱掉,晚上就在家里唱歌。子路当时就笑了——当然,是嘲笑。子路碎碎念地说:"这个人想作乐的心情也太急不可耐了吧?"

老师听到以后,不仅没表扬子路,反而训斥了他一顿:"你责备别人就没个头吗?守孝三年,本来时间就很长,很多人连三年都做不到呢,为啥要这么苛刻?"

其实，老师也知道子路的指责本质上没毛病，刚除丧就作乐，面子上是不太好看，太着急了点儿，如果他能再过一个月再开始娱乐，旁观的人就会赞扬他了。不过，老师意识到子路很喜欢给别人挑错，动不动就说别人这也有问题、那也不对，这样下去，很容易变成一个尖酸刻薄的人。所以，老师要教育他。说完，老师就又给子路提了一条人生的金科玉律："躬自厚而薄责于人，则远怨矣。"做人要多反省自己，少责备别人，那些怨恨就能离自己很远了。

小小百科

"送终"是怎么来的？

终有终结、到底、结束的意思，所以，古人把词义延伸一下，终也就可以表示一个人一生的终结。于是，人快死的时候，就叫临终、终了。

但是你知道吗？在最早的时候，终虽然表示死亡，却并不是每个人去世都配叫"终"。只有君子——一个各方面道德都很完美的人死了，才叫"终"，因为他的人生是有始有终的。普通人或者说小人死了，称呼上没啥花哨的，就是用"死"来形容。

孔子的弟子子张去世之前，就曾把儿子叫到跟前，然后很庆幸地说："君子死了叫'终'，小人死了叫'死'，我这一生，算得上是'终'了吧！"可见，如果一个道德水平不过关的人死了，都不配有人送"终"呢。只有孔子和道德君子们的去世，才叫哲人枯萎，才叫善始善终！

散作满天星
孔子之后的儒家

大家好,我是子夏。

为老师守孝完,同学们将要各奔东西,于是全票推选了老实巴交的曾参师弟当"孔子学校"的新校长。在老师生前,曾参就经常帮他整理图书,他这个人也很讲诚信,很靠谱,把老师留下的教育遗产交给他,我们也都很放心。

曾参除了维护学校的日常工作,主要的工作是带领学生们记录老师说过的话和做过的事。这不,《论语》这本书在他的努力下就集结出版了。除此之外,他还搞了一本烦琐的书,叫《礼记》,这本书是介绍我们这个时代的人怎么讲礼的,也是老师最提倡的东西。可以说,老师毕生的思想被他记录了一大半,我们儒家得以传承,曾参师弟功不可没。

至于其他师兄弟,大家都有各自的生活要忙。子贡师兄继续在为鲁国服务,成了鲁国的外交专员,经常到各个诸侯国出差。我也跑回了西河地区,继续发扬老师的教育事业。

这段时间,世界简直发生了天翻地覆的变化。强大的晋国居然被国君的小弟们"你要胳膊我要腿"地分了,变成韩、赵、魏三个国家。历史上把这叫"三家分晋"。齐国内卷得也很厉害,最后,打工人田氏把姜太公的国家给偷了,虽然还叫齐国,但它是田齐,已经不是原先的那个齐国了。其他国家也都是这样,好像一瞬间,大家都变得很暴躁，拼了命地打架，抢别人的地盘。所以，人们给这个时期取了个名字，叫"战国"。

我住的河西，属于战国时期的魏国。因为我讲课不错，教出了几个很有个性的学生，他们满世界溜达，我的名气也跟着被传播出去了。不久，我就收到了魏文侯的重金聘用书，说想跟我交个朋友，请我去魏国的首都安邑做客。

本来我对这个不太感兴趣，但魏文侯说，当初晋国留下的书都在他的图书馆里，而晋国又接收了周朝史官的投奔，有不少独家历史资料呢。这可太吸引我了。我知道，他想把我招揽在门下，让我在这儿开班办学，是为了借我的名气，吸引更多我们儒家的人才来给魏国打工。算下来，这对我和魏国是双赢啊，我完全没理由拒绝。于是，我悄悄地来了。魏文侯把我当老师一样尊敬，也不用我干什么活，我每天就在知识的海洋里疯狂遨游，然后再把知识传给我的弟子们。

其他的师兄弟散落在各个国家，跟我干的活也差不多。

不过，虽说我们所有人都是老师教出来的，可我们每个人看问题的角度都不同，对老师说过的话也就产生了很多不一样的理解。于是，大家在给弟子们讲课的时候，总会有自己侧重的方向。这就导致了一个有点儿严重的问题——我们儒家内部分裂了，竟然分出了八个派系，分别是子张之儒、子思之儒、颜氏之儒、孟氏之儒、漆雕氏之儒、仲梁氏之儒、孙氏之儒和乐正氏之儒。

在分裂后的儒家中，有两个人因为很会吵架，擅长对一国当权者指指点点，成了当时的网红。他们一个是孟轲，一个是荀卿。孟轲后来被尊称为孟子，荀卿后来被尊称为荀子。他们两家，算是抓住了老师讲学中的两个精髓，一个提倡正气和仁义，一个讲究礼法和人性。

孟轲和他的弟子们主张人性是善良的，当权者要说好话、做好事、存好心，做个"好人政府"。荀卿和他的学生认为人性都是恶的，但可以通过后天的教育和引导变得善良，所以主张要制定很多规矩去约束人。荀子的这个观点，被他两个著名的弟子发扬光大了，一个是韩非子，一个是李斯，而他们也都从儒家突变成了另一个学说——法家的代表人物。

你们也许看出来了，原来法家也跟我们儒家有关系呢。这真不是我们吹牛。实不相瞒，在我的弟子或受我影响的人里，就出过好几代著名的法家人物呢，我说出他们的大名，可能大家都听说过，他们是为魏文侯变法的李悝、为楚国变法的吴起，以及为秦国变法的大名鼎鼎的商鞅。

其实，在战国这个"神仙打架"的时代，不仅法家，几乎每个门派的思想，都跟我老师脱不开关系。它们有些是我们儒家衍生的，有些是因为反对我们而提出的。比如说墨家吧，墨翟就曾是我们儒家的一个小学徒，不过，他因为出身和生活环境的问题，跟我们产生了一些小分歧，就自己创立门派去了。

换句话说，我老师的思想这会儿已经扩散到了战国世界的各个角落。

后来，秦国统一了六国，他们不讲文德，只喜欢法家，我们的学员们就只能躲起来了。秦朝仅仅两代就把自己玩坏了，天下被一个叫刘邦的小子赢走。他也不喜欢我们，不过，他喜欢我们制定的那些尊敬人的礼仪，所以，儒家的孩子们这才又慢慢出来玩了。

到汉武帝的时候，我们儒家又出了号大人物，叫董仲舒。他也是个"语言"天才，汉武帝听了他讲的一堂课，马上就做了个"罢黜百家，独尊儒术"的决定。从此，儒家思想成了中国人血液里的DNA。这不禁让我露出了老父亲般欣慰的笑容。

所有读书的人想做官，跟皇帝混，都得学习我们儒家的书，全文背诵我老师的各种教诲。我们的"修身、齐家、治国、平天下"的志向，变成了所有人的人生追求。当然，并不是每个人都有机会去为皇帝或社会服务，但只要做到"修身"，当一个合格的君子，就已经很快乐了。

之后，儒家又出了几位代表人物。唐代的时候，经过了前面三国两晋南北朝几百年的大乱世，人们都有点儿找不到内心的宁静了，于是佛教趁势崛起，用轮回因果的说法，吸引了很多信徒。相比起来，我们儒家的思想好像有点儿陈旧了。此时，有个叫韩愈的小学徒横空出世，他重新梳理了儒家的脉络，把《大学》和《中庸》从《礼记》里提出来，又把道家和佛教的思想融入儒家，创立了一个"新儒学"的说法。儒家的思想又重新成了官方提倡的核心价值观。

在韩愈的基础上，儒家弟子们继续钻研和发扬，到宋代更是人才辈出，一个叫朱熹的人再次刷新了我们儒家内部的排行榜。在很多人眼中，朱熹是一个和我老师孔子齐名的人。他接过韩愈的接力棒，把《孟子》这本书抬高，提出了"四书"（《大学》《中庸》《论语》《孟子》）的说法。这四本书虽然最能体现我老师和儒家的主要思想，但毕竟过了上千年，宋代的语言习惯跟我们这个时代还是有差别的，为了让大家更能读懂它们，朱熹编了一部通俗的教材，叫《四书章句集注》。这部书出版后，马上成了官方教科书，后来更是成了科举考试的唯一指定教材，考试的考题都是从里面出，所有想做官的读书人都会读这本书，学习老师的思想。这可能是老师都没想到的。

朱熹之后，明代又出了一位在陈旧的老学说里搞创新的人——王阳明，他接着前人的研究，搞出了一套"心学"。很多人认为这位王同学有些跑偏了，他的"心学"有些像"佛学"。其实，真正了解王同学思想的人都知道，心学的主旨"知行合一、致良知"，就是从老师的思想里衍生来的。你们还记得吗？我老师说过一句"君子耻其言而过其行"，意思是，说得多做得少，君子是很看不起的。这不就是提倡言语和行动要合一吗？我想，如果老师有机会见到王同学，一定会夸他是真正做到举一反三的好同学。

你看，我的那些后浪，从韩愈、朱熹到王阳明，又将儒家不断地发扬光大。

高人竟在我身后！

孔子年表

公元前 551 年
孔子出生。

孔子出生在鲁国陬邑（在今山东曲阜市东南）。

公元前 549 年
孔子三岁。

父亲去世，随母亲搬到了鲁国的国都曲阜。

公元前 537 年
孔子十五岁。

立志于要好好学习各种学问和本领。

公元前 535 年
孔子十七岁。

母亲去世，孔子除好好学习外，开始当起了打工人，各种全职的、兼职的、合同工、临时工，都来者不拒。

公元前 533 年
孔子十九岁。

娶宋国亓（qí）官氏为妻。

公元前 532 年
孔子二十岁。

孔子有了孩子，取名鲤，字伯鱼。

公元前 525 年
孔子二十七岁。

孔子有了一次进入鲁国太庙的机会，发生了"子入太庙，每事问"。

公元前 522 年
孔子三十岁。

开始办学收徒。

**公元前 518 年
孔子三十四岁。** 孔子得到了一次去国外进修的机会，期间见到了老子，并向他问礼。

**公元前 517 年
孔子三十五岁。** 鲁国发生内乱，孔子前往齐国。

**公元前 515 年
孔子三十七岁。** 孔子在齐国始终没有得到重用，返回鲁国。

**公元前 510 年
孔子四十二岁。** 孔子与弟子子路、曾晳、冉有、公西华畅谈人生理想。

**公元前 505 年
孔子四十七岁。** 孔子拒绝阳虎的邀请，没有出来做官。

**公元前 501 年
孔子五十一岁。** 孔子出来做官，任鲁国中都宰，一年后，升任大司寇。

**公元前 498 年
孔子五十四岁。** 孔子主持堕三都。

**公元前 497 年
孔子五十五岁。** 堕三都失败。

**公元前 496 年
孔子五十六岁。** 孔子出走，开始周游列国。
孔子适卫，过匡城时被拘留后，又回到了卫国。

公元前 493 年
孔子五十九岁。

孔子从卫国出走,过宋国时遇险,过郑国时,被称为丧家狗。

公元前 492 年
孔子六十岁。

孔子到达陈国,后辗转于陈国、蔡国、楚国、卫国。

公元前 484 年
孔子六十八岁。

结束周游列国,从卫国返回鲁国。

公元前 481 年
孔子七十一岁。

弟子颜回去世。

公元前 480 年
孔子七十二岁。

弟子子路去世。

公元前 479 年
孔子七十三岁。

孔子去世。

图书在版编目（CIP）数据

孔子来了！：论语可以这样读／大梁如姬著；徐艺明绘．－－ 北京：海豚出版社，2022.4（2023.7 重印）
ISBN 978-7-5110-5892-8

Ⅰ．①孔… Ⅱ．①大… ②徐… Ⅲ．①儒家②《论语》－青少年读物 Ⅳ．① B222.2-49

中国版本图书馆 CIP 数据核字（2022）第 035654 号

孔子来了！——论语可以这样读

出 版 人：王　磊
总 策 划：宗　匠
执行策划：王　菁
监　　制：刘　舒
撰　　文：大梁如姬
绘　　画：徐艺明
装帧设计：玄元武　侯立新
责任编辑：杨文建　张国良
责任印制：于浩杰　蔡　丽
法律顾问：中咨律师事务所　殷斌律师

出　　版：海豚出版社
地　　址：北京市西城区百万庄大街 24 号　　邮　编：100037
电　　话：（010）85164780（销售）　　（010）68996147（总编室）
传　　真：（010）68996147
印　　刷：北京博海升彩色印刷有限公司
开　　本：16 开（787 毫米 ×1060 毫米）
印　　张：13
字　　数：80 千
印　　数：70001-90000
版　　次：2022 年 4 月第 1 版
印　　次：2023 年 7 月第 7 次印刷
标准书号：ISBN 978-7-5110-5892-8
定　　价：128.00 元

版权所有　　侵权必究